Ein politischer Generationenwechsel hat stattgefunden. Aber haben die 40-Jährigen das Potenzial, ihrer Verantwortung gerecht zu werden und in Europa wieder Frieden zu schaffen und die Demokratie und das Klima aus der anhaltenden Krise zu holen? Sind sie nur zur Schadensbegrenzung in der Lage, sodass wir auf die nachfolgende Generation hoffen müssen, oder können sie – in all ihrer Geschmeidigkeit und vielleicht gerade deswegen – mit ruhiger Beharrlichkeit fundamentale Lösungen unserer Probleme herbeiführen? Nora Bossong betrachtet ihre Generation anhand dieser Fragen und diskutiert Ideen für eine Zukunft, in der möglichst viele für das Ideal des gemeinschaftlichen demokratischen Handelns begeistert werden, auch um des Klimas und des Friedens willen. Darauf kommt es mehr denn je an.

»Nora Bossong zählt zu den intellektuell anregendsten und neugierigsten Stimmen ihrer Generation.« *Denis Scheck*

NORA BOSSONG, geboren 1982 in Bremen, lebt als freie Schriftstellerin in Berlin. Sie veröffentlicht Romane, Essays und Gedichte und meldet sich regelmäßig zu aktuellen gesellschaftspolitischen Themen zu Wort. 2019 gelangte ihr Roman *Schutzzone* auf die Longlist des Deutschen Buchpreises. Bossong wurde vielfach ausgezeichnet, zuletzt mit dem Thomas-Mann-Preis (2020) und dem Joseph-Breitbach-Preis (2020). Sie ist Kolumnistin des *Philosophie-Magazins*.

NORA BOSSONG

DIE GESCHMEIDIGEN

MEINE GENERATION
UND DER NEUE ERNST DES LEBENS

Ullstein

Besuchen Sie uns im Internet:
www.ullstein.de

Wir verpflichten uns zu Nachhaltigkeit
- Klimaneutrales Produkt
- Papiere aus nachhaltiger
  Waldwirtschaft und anderen
  kontrollierten Quellen
- ullstein.de/nachhaltigkeit

MIX
Papier | Fördert
gute Waldnutzung
FSC® C021394

Aktualisierte Ausgabe im Ullstein Taschenbuch
1. Auflage Juni 2023
© Ullstein Buchverlage GmbH, Berlin 2022/Ullstein Verlag
Umschlaggestaltung: zero-media.net, München, nach einer Vorlage von
Brian Barth, Berlin
Satz: LVD GmbH, Berlin
Gesetzt aus der Minion Pro
Druck und Bindearbeiten: ScandBook, Litauen
ISBN 978-3-548-06779-7

Inhalt

Das Ende einer Ära

Unter den Bootsrümpfen im Jakob-Kaiser-Haus eilt an diesem Mittag niemand vorbei, die Fahrstühle im Parlamentsgebäude stehen still. Während gerade vereinzelt Ministerpräsidenten, Bundesminister, die Kanzlerin vor Kameralinsen sitzen und digital miteinander konferieren, sind im unterirdischen Gängesystem des Bundestags die Büros verwaist, die Flure menschenleer, und nicht mal das Surren des Laufbands ist zu hören, über das Abgeordnete gewöhnlich von einem Termin zum nächsten hasten. Das deutsche Regierungsviertel wirkt im Frühling 2021, nach einem Jahr Pandemie, wie eine Geisterstadt. Am Ende des Flurs klappt eine Tür.

Vielleicht klingt so das Ende einer Ära. Einer Ära, in der wir gelernt haben, dass Gefahren zwar kommen, aber scheinbar auch wieder verschwinden, so wie sich das Ozonloch wieder schloss, der saure Regen versickerte, die Wolken von Tschernobyl zerstoben. Alles, so lernten wir, wird noch einmal gutgehen, selbst wenn es einmal kurzzeitig nicht danach aussieht. Große Herausforderungen wie für frühere Generationen schien es für uns, die heute 40-jährigen, nicht mehr zu geben, wir meinten uns nur noch ums Kleingedruckte kümmern zu müssen.

Dies traf für die Westdeutschen unter uns noch stärker zu als für die Ostdeutschen, die in ihrer Kindheit und Jugend die Unsicherheit der Nachwendezeit erlebten. Doch für die gesamte Generation galt das Versprechen: Ein Mehr an Demokratie, Wohlstand, Frieden und Selbstverwirklichungschancen schien der Horizont unserer Gegenwart zu sein. Die Entwicklung, glaubten wir im Westen, vollzöge sich wie von selbst, von einer unsichtbaren Hand der Geschichte geschoben. Und im Osten blieb trotz der Ernüchterung doch die Erfahrung, dass man die Geschichte in die Hand nehmen und Diktaturen am Ende stürzen kann.

Die Ära, von der ich spreche, war eine Ära des pragmatischen Individualismus, in der dem Hier und Jetzt mehr Gewicht beigemessen wurde als der Zukunft, Visionen hinter dem Machbaren zurückblieben und das Gemeinschaftliche hinter dem Individuellen. Es war eine Zeit, in der man sich zunehmend von »Freunden umzingelt« glaubte und auf die Friedensdividende setzte. Eine Zeit, in der ökonomisch-politisch die Tendenz zur Privatisierung einherging mit einem verstärkten zivilgesellschaftlichen Rückzug ins Private. Die Ära begann lange vor Merkels Amtszeit, auch wenn ihre Kanzlerinnenschaft paradigmatisch für sie ist, ihr Höhe- und schließlich ihr Endpunkt. Dieses Buch unternimmt den Versuch, diesen politischen Wechsel, diese »Zeitenwende« mithilfe einiger Menschen nachzuvollziehen, die ebenso alt sind wie die Ära, die zu Ende geht. Mit Politikern wie Christian Lindner, Lars Klingbeil und Katja Kipping habe ich den Wahlkampf erlebt und sie nach ihren Vorstellungen für die Politik von morgen befragt. Ebenso wichtig war mir, zu hören, was eine Philosophin, ein Rechtswissenschaftler, eine Managerin dazu zu sagen hatten.

Die Personen, mit denen ich im Frühjahr des zweiten Pandemiejahres, ein Jahr vor Beginn des russischen Angriffskriegs gegen die Ukraine, politische Fragen diskutiert habe, sind Menschen meiner Generation. Zwischen 1975 und 1985 geboren, haben sie in Politik, Wirtschaft, Wissenschaft und Kultur Führungspositionen erreicht, und sie werden maßgeblich mitgestalten, was nach der alten Zeit kommt. Sie alle haben, ebenso wie ich, Deutschland und Europa noch vom Eisernen Vorhang geteilt erlebt, wenn auch nur als Kind. Das Jahrzehnt unserer Jugend war vom Ende der sowjet-kommunistischen Systemalternative geprägt, vom scheinbaren Siegeszug des liberal-demokratischen Westens, von der Wiedervereinigung Deutschlands. Fehler schienen reversibel, ob es sich nun um menschengemachte Ökokatastrophen oder um fehllaufende politische Systeme handelte. Alles regelt sich, so könnte das Motto lauten, mit dem unsere Generation heranwuchs. Das Bedrohliche war ebenso vorbei wie das Aufregende und Aufreibende oder neigte sich zumindest dem Ende zu. Die 90er-Jahre waren ein Jahrzehnt, in dem die großen ideologischen Kämpfe beendet schienen. Es gab kein *Think outside the box*. Weil es kein *outside* mehr gab.

»Kinder an die Macht«, sang Herbert Grönemeyer in den 80er-Jahren. Wir Kinder von damals sind inzwischen erwachsen und stehen mitten im Leben, aber das Leben ist nicht das, was uns versprochen wurde. Die Versprechen waren zu bequem, vielleicht haben sie uns auch zu bequem gemacht. Ohne Zweifel ist unsere Generation durch die Kanzlerinnenschaft von Angela Merkel geprägt, von ihrem Pragmatismus, ihrem norddeutschen Understatement. Einen Teil dieses Pragmatismus haben wir von ihr übernommen. Geprägt wurden wir auch von der Zuversicht, vielleicht mitunter Sorglosigkeit einer Zeit, in der man Frieden ohne Waffen zu schaffen glaubte, weil die Großmächte im Gleichgewicht schienen und, zumindest nicht bei uns, mit Waffengewalt nach mehr Einfluss griffen.

Die politische Generation vor uns, die 68er und ihre Gegner, ebenso wie die nach uns, die Jugendlichen von *Fridays for Future,* aber auch der rechtsradikalen *Identitären Bewegung,* verschaffte sich stets öffentlichkeitswirksam Gehör und brachte ihre Forderungen kompromisslos vor. Anders als sie haben wir uns in unseren politischen Äußerungen stiller gezeigt, weniger polarisierend. Aber ist, wer seinen Standpunkt nicht radikal und laut vertritt, sondern bereits früh den Ausgleich sucht, deshalb automatisch unpolitisch, angepasst, vorschnell verspießt? Nimmt, wer Politik nicht primär als Kampf versteht, die Aufgabe zu leicht? Hat meine Generation darin versagt, sich als politischer Teilhaber der Gesellschaft einzubringen? Oder zumindest darin, auch einmal gegen unsere Elterngeneration aufzubegehren?

Nicht unbedingt, zumindest noch nicht. Unsere Generation artikuliert Probleme erst einmal anders, weniger absolut, und sie ist eher bereit, nach Lösungen auch lagerübergreifend zu suchen und alte Überzeugungen aufzugeben, etwas, das bei den 68ern nicht vorgesehen war und nun bei den *Social Justice Warriors* wieder abnimmt. Darin liegt eine Stärke unserer Generation, so unauffällig sie wirken mag. Denn mit dem Beharren auf den eigenen Dogmen, so kommt es mir manchmal vor, nimmt auch die Bereitschaft ab, Demokratie und ihre mitunter trägen, verzögernden, diametralen Prozesse zu leben und zu verteidigen.

So werden heute Fragen mindestens provokativ gestellt, die in den 90er-Jahren kaum denkbar gewesen wären: Halten autoritäre Regime die besseren Versprechen bereit? Sind sie die zukunftsfähigere Regierungsform? Haben sie die Menschen besser durch die Krisen gelenkt, und werden sie sich dadurch in den noch kommenden Krisen beweisen, zur

Not mit der puren Macht des Stärkeren? Die Demokratie mit ihren Aushandlungen, ihrer immanenten Angst vor Wählerverlust und ihren nach Prozentpunkten jagenden Wahlkampfteams wirkt inmitten der ineinander verschränkten Krisen unserer Gegenwart manchmal, als stünde sie schon auf dem Abstellgleis der Geschichte. Wir scheinen angesichts der Klimakatastrophe am Ende des Wachstums angelangt und angesichts des Krieges in Europa am Ende des Friedensversprechens. Stehen wir auch am Ende des Versprechens der Demokratie?

Mit Wucht, selbstbewusst und international verbündet, verfolgen autoritäre Regime ihren Wunsch nach Hegemonie, zunehmend auch militärisch, und sie besitzen angesichts einer rapiden Wandlungen unterworfenen Gegenwart eine beträchtliche Verführungskraft. Ich glaube, dass wir das Potenzial des Autoritarismus besser verstehen, wenn wir uns unserer eigenen Verführbarkeit stellen, unserem Wunsch nach Orientierung im Chaos, nach Eindeutigkeit und danach, Verantwortung abzugeben.

Demokratie befriedigt diese Wünsche nicht unmittelbar. Sie ist anstrengend, anspruchsvoll, scheitert immer wieder an ihrem Versprechen, alle Menschen gleichermaßen mit einzubeziehen. Demokratie ist nicht perfekt, und wir leben mit ihr nicht in der besten aller möglichen Welten; wir leben nur in einer der besten unter den bislang ermöglichten. Das ist in ideeller Hinsicht nicht viel, in realistischer Hinsicht jedoch eine ganze Menge. Aber reicht das?

Das hängt davon ab, was wir daraus machen. Trotz allem möchte ich an etwas glauben: an ein Denken, das es wagt, sich die Welt friedlicher und die Gesellschaft gerechter vorzustellen, als sie jetzt ist, ohne dafür gleich wieder einen neuen Menschen zu entwerfen oder die unangenehmen, ja bedrohlichen Realitäten auszuklammern. Der »neue« Mensch lebte immer von der Vernichtung der Ambivalenzen und letztlich des Menschlichen. Den Menschen dagegen mit all seinen Widersprüchen auszuhalten, als jemanden zwischen Gut und Böse, Bequemlichkeit und Mut, Angst und Trotz, Klugheit und Ignoranz – das ist der Reichtum, auf dem eine gelingende Demokratie fußt. Wir sollten den Mut zurückgewinnen, über das Hier und Jetzt hinaus zu denken, und uns zugleich fragen, was der Weg war, der uns hierherbrachte.

TEIL I
Woher wir kommen

Alte Linke, Neue Rechte und ein Vater der Nation

Im Jahr 1982 war der Wohlfahrtsstaat in einer Krise, und ich beschäftigte mich mit Marx und Engels. Ihre Bücher standen im Wohnzimmer meiner Eltern auf dem untersten Regal und waren für mich, die gerade ihre taktilen Fähigkeiten schulte, gerade noch zu erreichen. Ich räumte sie aus den Regalen, und mein Vater räumte sie wieder ein, ein zyklisches System, über dessen Sinn- und Zweckhaftigkeit wir unterschiedlicher Meinung gewesen sein mögen. Der Bundestag war gerade von Bundespräsident Karl Carstens aufgelöst worden, der einige Straßen von diesem Bremer Wohnzimmer entfernt aufgewachsen war, und ich brachte mein erstes Lebensjahr hinter mich, ein Jahr, in dem Bundeskanzler Helmut Schmidt durch das erste konstruktive Misstrauensvotum in der Geschichte der Bundesrepublik Deutschland abgesetzt wurde. Helmut Kohl kam ins Amt und sollte dieses erst wieder verlassen, als ich längst kein Säugling mehr, sondern beinahe volljährig war. In seinen letzten Amtsjahren schien dieser große behäbige Familienpatron für mich so ewig Kanzler zu sein, dass ich zwischen Amt und Person kaum noch unterscheiden konnte.

Es war die Zeit der Wende, auch wenn ich später bei dem Wort nie an den Anfang der 80er-Jahre dachte. Ganz so klar war es nicht, wohin genau die Gesellschaft sich »geistig-moralisch« neu ausrichten sollte, wie es Helmut Kohl versprach, und am Ende des Jahrzehnts okkupierte dann eine noch größere Wende das Wort für sich. Ein anderer Umbruch aber war deutlich zu sehen: Das Misstrauensvotum hatte nicht nur Schmidt als Kanzler gestürzt, sondern auch die Politik selbst Vertrauen gekostet. Bei der FDP, die ihren Koalitionspartner ungnädig abserviert hatte, ließ sich beispielhaft beobachten, wie die Partei intern zerstritten und mit Austritten einiger prominenter Delegierter zurückblieb. Der deutsche Sozialliberalismus war damit Geschichte, und die politische Glaubwürdigkeit hatte insgesamt Schaden erlitten. Der FDP-Politiker Gerhart Baum hatte vor der Abstimmung zum Misstrauensvotum noch gewarnt: »Und die Politik von morgen braucht deshalb vor allem eines: Übereinstimmung von Reden und Handeln, von Person und Sache. Das Verfahren, das zur beantragten Abwahl des Bundeskanzlers Helmut Schmidt geführt hat, so befürchten wir, kann eine Veränderung der politischen Kultur in diesem Lande bewirken.«[1]

Am Ende meines ersten Lebensjahrs interessierte ich mich allerdings mehr für die Marx-Engels-Werkausgabe als für Misstrauensvoten und Kanzlerschaften. Da es in den Bänden kaum Bilder gab, nur ein, zwei Landkarten pro Buch, tröstete ich mich mit den vielen farbigen Zettelchen, die ich sorgsam von den Seiten schüttelte und auf den Teppich patschte. Wie es meinem Vater gelungen war, sie danach wieder halbwegs zusammenhangsvoll in die Bände zu legen, ist mir ein Rätsel, jedenfalls finde ich heute den Vermerk »Das Kapital als Kommando über unbezahlte Arbeit« im Abschnitt »Der Arbeitslohn« und eine Notiz »gelbe Filzstifte, Quelle-Fotos, DAK, Zahnarzt« in »Der Sozialismus des Herrn Bismarck«. Der unter Schmidt begonnene, unter Kohl fortgeführte Annäherungskurs an den Sozialismus des Herrn Honecker und an unseren östlichen Nachbarn DDR imponierte mir derweil wenig, und nach dem Grund für die Spannungen zwischen DDR und BRD würde ich mich erst Jahre später erkundigen.

Im Sommer 1986 glaubten meine Eltern die Wolken von Tschernobyl endlich so weit zerstoben, dass ich wieder im Garten spielen durfte. Auf den Stufen unserer schmalen Terrasse versuchte ich, einen Regenwurm in einen hohlen Schlumpfbaum zu locken, und wollte wissen, wie die Menschen in China lebten. Da viele der Spielsachen, die besonders weich und quetschbar waren – Plastikpuppen, Gummilandschaften, aufgeplusterte Fantasietiere –, den Aufdruck *Made in China* trugen, genoss dieses Land bei mir ein hohes Ansehen, bei meinen Eltern erstaunlicherweise nicht.

Mein Vater war am Fensterputzen, wrang den Lappen über dem Eimer aus und erklärte mir, die Menschen dort hätten weniger Freiheiten als wir. Ich bohrte mit der zermürbenden Fragemethode kleiner Kinder (Warum? Warum?) so lange nach, bis wir schließlich beim Kern des Konflikts angelangt waren.

Es gab laut meinem Vater jenseits des Eisernen Vorhangs, den ich mir wie bei einem überdimensionierten Kasperletheater vorstellte, eine andere Idee davon, wie Arbeit und Besitz funktionierten. Das betraf neben China auch die Sowjetunion und die DDR. Grundsätzlich lehnten wir in Westdeutschland alle drei Länder aus demselben Grund ab, es herrschte dort nämlich Kommunismus, und zwar eine eher trübe Form davon. Man nannte sie »real existierend«.

Was das bedeutete, wollte ich wissen. Den Regenwurm

hatte ich mittlerweile aus den Augen verloren, und so wusste ich nicht, ob er sich so weit in den hohlen Baum verkrochen hatte, dass ich ihn nicht mehr sah, oder ob er ins Gras entkommen war.

»Im Kommunismus gehört allen alles«, erklärte mein Vater, »und kein Mensch wird zur Arbeit gezwungen, weil keiner über dem anderen steht.«

»Ist doch viel besser als hier«, fand ich. Mein Spielzeug müsste ich zwar teilen, aber dafür stünden mir alle nur erdenklichen Errungenschaften der Spielzeugerfinder offen, wie in der Werkstatt des Weihnachtsmanns, und meine Eltern hätten mehr Zeit für mich, weil sie nicht ständig Turngruppen unterrichten oder in Sozialeinrichtungen Sägearbeiten mit ihren Klienten machen müssten.

»In der Theorie: Ja. In der Praxis wartest du ewig auf das, was allen gehört, und dann funktioniert es nicht mal«, erklärte mein Vater.

»Das glaube ich nicht«, setzte ich mit der Autorität einer Vierjährigen dagegen.

»Haben wir etwa Spielzeug aus der DDR?«

»Aber aus China!«

Mein Vater murmelte irgendwas von Holzbausteinen und verschwand im Haus.

Hana Gründler erzählte mir von dem Moment, als sie zum ersten Mal in den frühen 80er-Jahren die »Gefahr des Politischen« spürte, wie sie es nennt. Gründler ist eine der Gesprächspartnerinnen, die ich im Frühjahr 2021 traf, um über unsere Generation zu diskutieren. Die studierte Philosophin lehrt heute als Professorin für Kunstgeschichte in Florenz und forscht zur Verschränkung von Politik und Ästhetik. Durch ihre tschechische Mutter sind die Diktaturen des ehemaligen Ostblocks Teil ihres Forschungsinteresses geworden. Gründler war damals noch ein Kind, und das Gefühl der Gefahr setzte an der Grenze zur damaligen Tschechoslowakei mit einer Veränderung der Sprache ein. Sie betraf nicht das Tschechische an sich, die Sprache ihrer Mutter, die Gründler auch verstand, sondern die Art, *wie* gesprochen wurde. Wenn überhaupt jemand sprach.

»Ich betrat einen öffentlichen Raum, der durch Nichtsprache gekennzeichnet war«, erzählt Gründler. Plötzlich schied sich die private Sphäre, in der ein kritisches Sprechen über die herrschenden Verhältnisse in der CSSR normal war, von der öffentlichen, in der man auf keinen Fall etwas Falsches sagen durfte. »Während wir in der U-Bahn saßen, hatte meine Mutter Angst, dass ich aussprechen würde, was zu Hause geredet wurde. In der Schweiz war ich nicht so erzogen worden, dass ich diese Vorsicht kannte. Ich war wie ein Fremdkörper, weil ich aus einem demokratischen Land kam. Damals konnte ich es nicht einordnen. Aber ich erinnere mich: In der U-Bahn sprach niemand.«

So legt sich das Schweigen in die Diktatur, wenn niemand mehr sicher weiß, wer mit welcher Absicht mithört. Dass mein Vater im Sommer 1986 so entschieden die marxistischen Ideen ablehnte, die er immerhin einmal gründlich studiert hatte, hing aber nicht nur mit dem Schweigen jenseits des Eisernen Vorhangs zusammen. Der Soziologe Andreas Reckwitz analysiert die westliche Nachkriegsära anhand von politisch-gesellschaftlichen Paradigmen, die für einige Jahrzehnte im linken wie im rechten politischen Milieu leitend gewesen seien, in ihrer konservativen Ausprägung auf der einen und in ihrer progressiven auf der anderen Seite. Teils aufgrund ihres eigenen Erfolgs, so Reckwitz, gerieten die Paradigmen irgendwann in eine Krise und gäben nicht mehr die richtigen Antworten auf neue Herausforderungen.

An solch einem Punkt befanden wir uns Mitte der 80er-Jahre, mit einem Fuß bereits im »apertistischen«, also sich öffnenden Liberalismus, mit dem anderen noch im sozial-korporatistischen Wohlfahrtsstaat, der seit der unmittelbaren Nachkriegszeit prägend war. Antiautoritäre Studentenproteste der späten 60-Jahre, dann in den 70er-Jahren die Ölkrise und das Ende von Bretton Woods, der durch den US-Doller stabilisierten Währungsordnung der Nachkriegszeit, hatten im Westen die politischen und ökonomischen Schwächen des alten Systems offengelegt. Doch auch in sozialistischen Ländern zeigten sich immer deutlicher Risse.[2]

In jenen Jahren, in denen Kohl und Genscher die Bundesrepublik auf einen wirtschaftsliberalen Kurs brachten und in Großbritannien der Thatcherism die Gesellschaft umstrukturierte, die überregulierenden Strukturen aufbrach und abbaute, glaubte auch mein Vater nicht mehr an die Versprechen des Marxismus. Nicht einmal von den Ideen des Eurokommunismus ließ er sich noch begeistern, obwohl der mit dem charismatischen Enrico Berlinguer, Chianti und toskanischen Aussteigerfantasien erstrebenswerter wirkte als die spießige Honecker-DDR oder die Sowjetunion.

»Auf der intellektuellen Szene breitet sich der Verdacht aus, daß die Erschöpfung utopischer Energien nicht nur eine der vorübergehenden kulturpessimistischen Stimmungslagen anzeigt, sondern tiefer greift«, schrieb Habermas 1985 in seinem Aufsatz »Die neue Unübersichtlichkeit. Die Krise des Wohlfahrtsstaates und die Erschöpfung utopischer Energien«. Habermas weist diesen Fatalismus entschieden zurück, denn »nicht die utopischen Energien überhaupt ziehen sich vom Geschichtsbewusstsein zurück. An ein Ende gelangt ist vielmehr eine bestimmte Utopie, die sich in der Vergangenheit um das Potential der Arbeitsgesellschaft kristallisiert hat.«[3]

Habermas geht auf eine der zentralen gesellschaftlichen Wandlungen jener Jahre ein, nämlich jene von der Industrie zur Postindustrie. Sie warf nicht nur die herkömmlichen Ideen von Arbeit und ihrem Wert über den Haufen, sondern auch den Gedanken der Arbeiterklasse und die um sie bemühten sozialen und politischen Konzepte. Es brauchte in den 80er-Jahren Antworten, die das alte sozial-korporatistische Paradigma nicht mehr in überzeugendem Maße fand.

Dass dies vielen, gerade unter den Linken, als grundsätzliche Erschöpfung utopischen Denkens galt, mag zum einen am hanseatischen Kanzler Helmut Schmidt gelegen haben (»Wer Visionen hat, soll zum Arzt gehen«), der die Sozialdemokratie auf einen nüchternen Kurs gebracht hatte. Zum anderen und mehr noch lag es daran, dass sich linke Utopie von ihrem so vertrauten Spielfeld lösen musste, nämlich dem der industriellen Arbeit, von dem aus die Möglichkeiten der Freiheit und das Verhältnis von Mensch und Gesellschaft lange gedacht worden waren.

Meine Generation, die gerade laufen lernte, hielt sich später noch an die Schmidt'sche Utopieskepsis und ließ die von großen visionären Gesellschaftsentwürfen. Es gab ja auch gute Gründe, betrachtete man die erste Hälfte des 20. Jahrhunderts, die Schmidt seine Skepsis gelehrt hatte – aber die Gründe, die in den 80er-Jahren tatsächlich zur utopischen Erschöpfung führten, waren kleiner und piefiger. Frei nach Schmidt ließe sich sagen: Man ging nicht mehr zum Arzt, weil Visionen einem peinlich waren.

Überwiegend unbemerkt von den erschöpften Linken

formierte sich in jenen Jahren ein für neue Gesellschaftsentwürfe hochmotivierter Kreis. Der Publizist und Philosoph Alain de Benoist war und ist einer der führenden
Köpfe der französischen Neuen Rechten, der parallel zur
68er-Studentenbewegung sein eigenes kulturrevolutionäres
Denkernetzwerk namens GRECE *(Groupement de recherche
et d'études pour la civilisation européenne)* aufbaute: natio-
nalistisch, völkisch und theoriebelesen. Bei seiner Lektüre
griff Benoist nicht bloß auf rechtskonservative und rechtsradikale Denker zurück, sondern wusste sich auch bei linken Denkern wie Antonio Gramsci zu bedienen. So selektiv
sein Interesse an Gramsci war und sosehr man Benoists
Ziele ablehnen, ja perfide finden mag, so muss man ihm
doch zugestehen, dass er Gramsci mit strategischer Clever-
ness las und darum in puncto Radikalität zeitweilig seinen
linken Kontrahenten voraus war, die sich bei ihrer Lektüre
noch mit all den enttäuschten Hoffnungen eines real existierenden Sozialismus herumschlugen.

Mit den Grünen würde sich zwar zeigen, dass man
Gramscis Ideen von der kulturellen Hegemonie auch ohne
Revolution, stattdessen mit sanftem Reformismus verwirk-
lichen konnte, aber die Rechte machte deutlich, dass Revolution für sie eine Option blieb. Ein »politischer Umsturz
schafft eine Situation nicht, er sanktioniert sie«, schrieb
Benoist mit Bezug auf Gramscis Theorie.[4] Seine Ideen wurden auch von deutschen Rechten aufgegriffen. Anfang der
80er-Jahre gründete sich das Thule-Seminar, das sich von
Benoists GRECE inspirieren ließ. Die Linken übersahen
offenbar, dass das Wort »Revolution« nicht ihnen allein gehörte, und kümmerten sich kaum darum, was sich am neurechten Rand zusammenbraute. *Die* Revolution schien
schließlich gescheitert, *die* Utopien schienen erschöpft – da-

bei waren es bloß die linken Utopien, die keinen Atem mehr hatten.

Während der linken Theorie vieles verwirrend schien (man denke an Ulrich Becks »Risikogesellschaft« oder an Habermas' schon erwähnte »Neue Unübersichtlichkeit«), profitierten zumindest die politischen Alternativbewegungen davon, dass die FDP eine Lücke links von der CDU gelassen hatte. Die Grünen, die sich Anfang 1980 gegründet hatten, waren in den ersten Jahren zwar bei Weitem noch nicht so homogen und verbürgert wie heute und passten politisch nicht geschlossen zwischen SPD und CDU. Aber ob sie 1983 bereits in den Bundestag eingezogen wären, hätte die FDP nicht ihren Platz im linksliberalen Spektrum aufgegeben, darf man bezweifeln.

Mitte der 80er-Jahre gelangten die Grünen in Hessen erstmals in die Regierungsbeteiligung. Joschka Fischer steuerte Richtung Realpolitik, die Partei entradikalisierte sich. Viel von dem, was die Liberalen einst in den Freiburger Thesen formuliert hatten, vor allem in Bezug auf Umwelt und bürgerrechtliche Emanzipation, lebte in den Grünen nun wieder auf. Allerdings hegten sie weiterhin ein gewisses antiliberales Ressentiment, und sei es nur gegen das Wort »liberal«, das von ihnen so oft mit falscher, mindestens ungenauer Bedeutung aufgeladen wurde, dass man sich auch heute noch fragt, ob dies eine gewollte ideologische Schlamperei war.

Derweil schritt die Inkarnation deutscher kleinbürgerlicher Provinzialität als neue Form des Weltmanns durch die Lande und vereinte Europa peu à peu. Helmut Kohl verkörperte eine Herrschaftsform, die ich nicht kannte und deren Anziehung, ja sogar Abstoßung ich weit über die 80er-Jahre hinaus nicht verstand, weil es bei uns zu Hause keinen Familienpatron gab. Meine Eltern teilten sich die Betreuungsarbeit, das Einkommen stotterte sich irgendwie zusammen, und während mein Vater seine Doktorarbeit tippte, baute ich unter seinem Schreibtisch eine Höhle und nannte mein neues Stofftier, eine Gorilladame, Gorbi. Irgendetwas muss ich mitbekommen haben von den Dingen, die damals jenseits des Eisernen Vorhangs passierten, und zu gern hätte ich gewusst, wie man durch diese aus dem Himmel herabhängenden Metallfäden hindurch kam, wo überhaupt sie in den Wolken befestigt waren und wie sie sich da so gut halten konnten.

Blühende Landschaften und
verfilzte Strukturen

Es gibt viele Erinnerungen an den Abend des 9. November 1989. In einer davon stehe ich mit meinem Vater auf einer Kundgebung, umgeben von Menschen. Er hebt mich hoch, damit ich über sie hinwegsehen kann, vielleicht schwenke ich sogar eines seiner Stofftaschentücher. Spätestens wenn in dieser Erinnerung das Brandenburger Tor auftaucht, weiß ich jedoch, dass sie nicht stimmt oder zumindest nicht meine ist, denn weder sind wir abends eilig durch die DDR nach Berlin gefahren, noch stand plötzlich das Brandenburger Tor in der Bremer Innenstadt.

Jeder hat eine eigene Erinnerung an den 9. November, und so erfand ich mir meine, eine wie im Traum verwobene Mischung aus Fernsehbildern und Vertrautem, der Hand meines Vaters, den Stofftaschentüchern. Es ist wohl der unbeholfene Versuch, die großen geschichtlichen Wellen, die bis in die kleinsten Priele unser Zusammensein mitformen, bildlich zu greifen, sie in Zusammenhang mit uns und uns in Zusammenhang mit ihnen zu bringen. Zwar nicht einzugreifen in die Geschichte, aber sie festzuhalten. Wie eine Hand, ein Taschentuch.

Unstimmig war an diesem Tag ohnehin einiges, nicht nur meine Erinnerung. »Das tritt nach meiner Kenntnis ...

ist das ab sofort, unverzüglich.« Der Tag, an dem der Versprecher von Günter Schabowski die Weltgeschichte änderte, trägt auch heute noch gerade deshalb die Patina eines großen Versprechens: Dass sich ein friedlicher Protest gegen alle bürokratischen Planungen durchsetzen kann und selbst die Mächtigen überrumpelt werden. Aber es war eben beides: ein Versprechen und ein Versprecher – und vielleicht am stärksten ein Versprechen, das Jahre später auf viele nur noch wie ein Versprecher wirkte.

Heute fällt es schwer, die Bilder des Freudentaumels auf der Berliner Mauer ohne den grauen Schleier zu betrachten, der sich in den über dreißig Jahren, die seitdem vergangen sind, darübergelegt hat. Frustration, Arbeitslosigkeit, zerbrechende Biografien waren an jenem Abend noch nicht die Bildunterschriften, die die Nachrichtenredaktionen wählten. Und sie waren auch noch nicht in den Gesichtern der Menschen zu lesen. Das Versprechen von Freiheit verursachte einen Taumel und differenzierte sich noch nicht in genauere Fragen aus: Welche Freiheit wollen wir? Welchen Preis sind wir bereit, dafür zu zahlen?

Das, wofür viele Bürgerinnen und Bürger der ehemaligen DDR Ende der 8oer-Jahre auf die Straße gegangen waren, war weniger der Wunsch nach einer größeren BRD als vielmehr der nach einer anderen DDR. Dieser Wunsch bekam an jenem Spätnachmittag, in jener Nacht und in den Monaten danach seinen Interimsplatz in der Geschichte. Doch der Wunsch der Bürgerbewegung musste wetteifern mit dem Wunsch nach einer deutsch-deutschen Wiedervereinigung, dem Traum von Politikern wie Kohl, Genscher, Reagan. Die DDR implodierte, ehe sie reformiert werden konnte, und der Traum der großen Männer fraß den der kleinen Leute.

Als ein knappes Jahr später die Wiedervereinigung die Wetterkarte in den Nachrichten wachsen ließ, begriff auch ich, dass sich etwas änderte. Der Kalte Krieg und der Eiserne Vorhang waren für mich abstrakt geblieben. Der Wandel aber spiegelte sich in einer einfachen Frage: Ob ich mich ab nun für die Regenwahrscheinlichkeit in Leipzig interessierte.

Die CSU-Politikerin Dorothee Bär erzählte mir, sie sei mit ihren Eltern nach der Wiedervereinigung ein paar Wochen lang durch die neuen Bundesländer gefahren, um dieses andere, dieses veränderte Deutschland kennenzulernen. In ihrer Familie, die aufgrund der örtlichen Nähe des familiären Heimatortes zur innerdeutschen Grenze eine besondere Verbindung zu Ostdeutschland hatte, habe damals eine euphorische Stimmung geherrscht. Nicht zum ersten Mal fuhr sie mit ihren Eltern durch Sachsen und Thüringen, aber es war nun eine andere Reise als Mitte der 80er. Vor der Wende war das Grundschulkind Bär einmal im Grünen Gewölbe in Dresden mit einer Museumswärterin ins Gespräch gekommen und hatte sie im kindlichen Überschwang kurzerhand eingeladen: Wenn die Grenze offen sei, könne sie sie in Westdeutschland besuchen. Daraufhin sei die Frau in Tränen ausgebrochen. Bär war nicht bewusst gewesen, wie fern, ja unerreichbar diese Möglichkeit für die Frau damals war. Nie hatten Bärs Eltern an der Wiedervereinigung gezweifelt, aber nun, im Jahr 1990, war das Ereignis tatsächlich eingetreten, und die Grenze, die nicht weit von ihrem unterfränkischen Heimatort verlaufen war, hatte von einem Tag auf den anderen nichts Feindliches mehr, sondern war jetzt die friedliche föderale Markierung eines anderen Bundeslandes.

Meine Eltern und ich fuhren im Sommer 1990 für einen Tag nach Schwerin und aßen dort Eis. Beide erinnerten sich später an eine Unterhaltung mit zwei jungen Frauen, Musikerinnen oder Studentinnen oder Musikstudentinnen, die sich um ihre Zukunft sorgten und die, als wir noch nicht mit ihnen ins Gespräch gekommen waren, über die Westler lästerten. Alles, was ich selbst von diesem Tag noch weiß, sind der Geschmack des Softeises in den Sorten Erdbeere und Vanille und der überraschte Ausruf meiner Mutter, das sei ja wie in ihrer Kindheit. Wir übernachteten nicht, hielten auf der Rückfahrt an einem kleinen Schlösschen, einem ehemaligen Stasi-Erholungsheim, und waren am Abend wieder zurück in den alten Ländern.

Meine Eltern schienen diesen Ausflug eher wie einen etwas trüben Exotismus empfunden zu haben, vielleicht staunten sie über die Tristesse sozialistischer Stadtentwicklung und hielten sich heimlich für etwas Besseres. Es war ja die Zeit der Banane, zumindest für die Westdeutschen. Plötzlich begeisterte man sich für Dinge – Bananen, Brillen von Fielmann, den BRD-Reisepass –, die einem bislang nicht viel bedeutet hatten, weil man sie, unaufmerksam, wie man war, für selbstverständlich hielt. Nun hatten sie nicht nur an Wert gewonnen, weil man sich bewusst geworden war, dass sie für andere Menschen Mangelware sein konnten. Es war verdrehter und zugleich banaler: Man selbst hielt sich für überlegen, weil man diese Dinge immer besessen hatte, auch wenn man nie persönlich für sie hatte kämpfen müssen.

Die Verwechslung von Privilegien mit eigener Befähigung ist nicht neu, genau genommen fußt Herrschaftsstabilität wohl insgesamt zu einem nicht unerheblichen Teil genau darauf. Am westdeutschen Phänomen, sich in der

Nachwendezeit einer imaginierten »Zonen-Gabi« überlegen zu fühlen, zeichnete sich bereits ab, auf welche Bahn die Wiedervereinigung geraten würde.

Wenn ich Westdeutsche meiner Generation über die 90er-Jahre sprechen höre, wirkt jenes Jahrzehnt vor allem behütet. Ja, es gab den Irakkrieg, es gab Srebrenica, es gab Ruanda, aber war das alles nicht weit weg? Im unmittelbaren Umfeld überwog ein Gefühl von Sorglosigkeit. Man habe die Zeit »verpennt«, so formulierte es die ehemalige Siemens-Managerin Rosa Riera. »Es ist eine Generation, der es gut ging, die sich ins gemachte Nest setzte«, sagte der heutige SPD-Vorsitzende Lars Klingbeil im Gespräch zu mir. »Wir sind in einer Welt groß geworden, die keine Herausforderungen kannte«, fügte er hinzu, »kämpfen mussten wir in vielen Punkten nicht mehr.« Und der Publizist und Geschäftsführer des Thinktanks *Project for Democratic Union* Benjamin Zeeb meinte, man sei »vorbeigeschwommen an dem, was sonst noch so passierte. Vielleicht gab es eher zu wenig Aufmerksamkeit als zu viel Sicherheit«.

Widersprüchlicher, vor allem weniger sorglos sind die Erinnerungen der ostdeutschen Wendekinder. Daniela Kolbe, die von 2009 bis 2021 für die sächsische SPD im Bundestag saß und heute stellvertretende Vorsitzende der Friedrich-Ebert-Stiftung ist, erzählt von der Stimmung im Dorf ihrer Jugend am Ende der DDR. Freude mischte sich damals mit Nostalgie, vielleicht auch Skepsis. Endlich war man das Regime los. Aber war wirklich alles so schlecht gewesen? »In den Jahren nach der Wende gab es viel Licht und Schatten«, sagte Kolbe. Das hatte sich sogar unmittelbar in ihrer eigenen Familie gezeigt. Ihr Vater hatte endlich seinen Meister gemacht, nachdem ihm in der DDR ein Studium verwehrt geblieben war. Der Betrieb, in dem ihre Mutter Köchin gewesen war, schloss hingegen, sie landete in Fortbildungen zur Diätköchin, bis sie schließlich im Büro eines Fliesengroßhandels Arbeit fand.

Nach keiner anderen Diktaturerfahrung würde man Menschen ihre Erlebnisse absprechen, nur weil sie damals zu jung gewesen seien, so die FDP-Politikerin Linda Teuteberg. In Bezug auf die DDR aber höre sie oft, sie habe diese Zeit gar nicht richtig erlebt, sie sei ja noch ein Kind gewesen. »Aber Diktaturen greifen doch viel tiefer in das persönliche Leben ein als Demokratien«, sagte sie. Erleben und erinnern könne man, lange bevor man die Zusammenhänge verstehe. Der Mauerfall und die Wiedervereinigung seien die Ereignisse gewesen, die sie politisiert hätten. Sie habe die Zeit schon damals bewusst miterlebt, habe gesehen, wie die Risse innerhalb des SED-Regimes immer sichtbarer wurden. Im Sommerurlaub 1989 in Polen und im Herbst darauf war der baldige Mauerfall so nicht abzusehen, aber Gehen oder Bleiben war ein ständiges Thema, und vieles lief anders als noch im Jahr zuvor. Am 10. November fuhr die Familie dann in euphorischer Stimmung nach Berlin, über die A12 von Schönefeld nach Rudow, ohne angehalten zu werden. Die Grenzposten waren verschwunden. Ihre Mutter begann zu weinen. »Dass Freiheit eben nicht für alle etwas Selbstverständliches ist«, sagte Teuteberg, »das übersehen manche, wenn sie bis heute mit einem – oft unbewusst – sehr westdeutsch geprägten Blick auf unsere Generation blicken.«

Auch die Linken-Politikerin Katja Kipping erinnerte sich an die Euphorie des Neuen und neu Möglichen. Als ich sie traf, kam sie auf die sozialen Bewegungen der 90er zu sprechen, die ihre gesellschaftlichen Wünsche artikulierten, und auf die Neonaziszene, die ihr Mitspracherecht auf ungleich brutalere Weise einforderte. Auch das gehörte zu der Zeit unmittelbar nach der Wende: brennende Flüchtlingsheime und weitere Angriffe auf Migranten in Lichtenhagen, Rostock, Mölln, um nur einige der Orte zu nennen, die oft, wenn auch längst nicht ausschließlich in den neuen Bundesländern lagen.

So ruhig und behütet, wie manche vor allem in Westdeutschland sie in Erinnerung haben, waren die 90er-Jahre eben doch nicht. In Ostdeutschland brach damals für die Menschen eine festgefügte Ordnung auf, die Beschränkung und Unterdrückung bedeutet hatte, aber auch Sicherheit, und sei es nur, weil man sich in den engen Grenzen auskannte. Neben der sich Bahn brechenden Fremdenfeindlichkeit war das Jahrzehnt zusätzlich geprägt von Arbeits- und Perspektivlosigkeit, von Wut auf die Treuhand und auf Landschaften, die ebenso kläglich blühten wie Tulpenzwiebeln aus der Drogerie, obwohl die Fotos auf der Verpackung doch hübsche Kelche versprachen.

Der bulgarische Politologe Ivan Krastev fasst in seinem Buch *Europadämmerung* die Gegenläufigkeit dieses Moments: »Wir waren überwältigt von den Möglichkeiten, die sich unversehens auftaten, und von dem neu entdeckten Gefühl persönlicher Freiheit. Aber wir waren auch ergriffen von dem neu entdeckten Gefühl der Zerbrechlichkeit aller politischen Verhältnisse.«[5]

Was sich an der Berliner Mauer friedlich und in Freude abgespielt hatte, war in China am Tian'anmen-Platz zuvor im Juni 1989 blutig niedergeschlagen worden. In Moskau kam es später, im August 1991, zum Putsch kommunistischer Funktionäre, die Gorbatschow absetzen und seinen politischen Kurs, der auf den Zerfall des Sowjetreichs hinauslief, verhindern wollten. Gewalt ist die simpelste und eindrücklichste Fähigkeit des Menschen zu herrschen, über Jahrhunderte und Jahrtausende perfektioniert, und alle Theorien, die zu ihrer Entschärfung erdacht wurden, bleiben nebensächlich, sobald sie sich wieder ihr Recht nimmt. Glücklich, wer Gewalt nie erlebt hat – und naiv, wer glaubt, sie sei heute vollständig eingehegt.

Eine Beobachtung gilt vermutlich für Ost wie für West gleichermaßen, wenn auch mit unterschiedlicher Konsequenz. »Die Ideologien sind krachend gescheitert«, meinte Benjamin Zeeb. »Die Idee einer Äquidistanz zwischen USA und Sowjetunion, die hat nicht funktioniert. Was für ein Saftladen war doch die Sowjetunion. Kuba war durch. Danach ist es auch nicht leicht zu sagen: Wir machen jetzt einen neuen Shop auf, in dem im großen Stil revolutioniert wird.«

Bald nach der Wende zog ich mit meinem Vater so weit von Kuba und der Sowjetunion weg, wie es nur möglich war, nämlich in das Herz des alten hanseatischen Kapitalismus, in einen der reichen Hamburger Elbvororte, wo wir, obwohl nicht standesgemäß für diesen Stadtteil, über einen Studienfreund meines Vaters günstig wohnen konnten. Ich wurde dort mit einem Reichtum konfrontiert, der unwirklich war, den ich als Kind aber ebenso hinnahm wie die Vorstellung, dass es Vampire und bezaubernde Jeannies gäbe und dass ich fliegen könnte, wenn ich es nur richtig lernte. Im Elbvorort arbeitete man nicht für Geld, man verwaltete es. Die Rückkehr in meine gewohnte Normalität wenige Jahre später sollte für mich erleichternd und verstörend zugleich sein. Geld, das für manche Menschen um mich herum scheinbar aufgehört hatte zu existieren, weil es seine Funktion, uns zu beschränken, eingebüßt hatte, wurde wieder real, zu etwas, das die eigentlichen Grenzen des Lebens zog.

Wenn ich behaupte, Geld habe im Elbvorort keine Grenze mehr markiert, stimmt das natürlich nicht ganz, denn es fungierte wie überall sehr wohl als Distinktionsmittel. Wer nicht wohlhabend war, bekam das von den Elbkindern zu spüren, es wurde einem vorgehalten wie ein eigenes Verschulden. In meiner Grundschule wurde ich so selbst zu einem westdeutschen Äquivalent der Zonen-Gabi. Die Bremer Mittelschicht war von diesem privilegierten Flecken Deutschlands mindestens so weit entfernt wie Schwerin von meinem Geburtshaus, und mir wurde schnell vermittelt, dass ich nicht gut genug war, weil ich nicht genug besaß. Meine porzellanpüppchenhaften Mitschülerinnen, die bereits im zarten Alter von acht aussahen wie die Miniaturausgaben ihrer Mütter, und die Mitschüler, die mit der Selbstgewissheit von Thronfolgern alles um sich herum abschätzten, waren vor allem gut darin, Menschen, die nicht ihrem Stand entsprachen, zu vertreiben. Während der zweieinhalb Jahre in dieser aus etwa zwanzig Kindern bestehenden Klasse verließen vier den Verband, weil sie das anhaltende Mobbing nicht aushielten. Dass die begüterten Kinder und ihre Familien mehr gesellschaftlichen Einfluss hatten als alle, die ich aus meiner Bremer Kindheit kannte, begriff ich, noch ehe ich genau wusste, wie das politische System funktionierte und wie die Gleichheit der Wahlstimmen gedacht war. Diese Kinder nahmen sich ihre Vormachtstellung so selbstverständlich und rücksichtslos, wie ich Bananen aß, nicht einmal wirklich Geschmack daran findend.

Irgendwann im Laufe der dritten Klasse bekamen wir einen neuen Mitschüler, der nicht viel sagte. Er redete so wenig, dass wir vermutlich nicht einmal merkten, dass er die deutsche Sprache einfach noch kaum beherrschte. Ich erinnere mich an den einzigen Vormittag, an dem er deutlich in Erscheinung trat, um kurz darauf ganz zu verschwinden, jedenfalls aus dem Kreis dieser Klasse. Wir hatten zu irgendeinem Grundschulthema Bilder gemalt, *Meine Familie, Mein schönstes Ferienerlebnis* oder *Meine Freunde und ich*. Sie waren nebeneinander an die Wand gehängt worden, doch etwas stach in der Reihe pink- und türkisfarbener Kinderkrakeleien hervor, etwas, das nicht in die Reihe passte. Wie ein Loch klaffte es zwischen den fröhlichen, nach Lehrerinnenlob gierenden Buntstiftlandschaften. Das Bild meines Mitschülers zeigte unbeholfen gezeichnete Flugzeuge und rote Striche, es zeigte Männchen, die vom Himmel fielen, es war düster und flackernd, keine der Figuren hatte Boden unter den Füßen, niemand hielt sich an der Hand. Das war meine erste Begegnung mit dem Krieg – dem Golfkrieg in der Zeichnung eines Mitschülers, an dessen Namen ich mich nicht einmal erinnern kann.

»In Frankfurt musste ich das Kindsein lernen«, erzählt mir Omid Nouripour, der diesen Krieg deutlich näher erlebt hat als ich. Nouripour, der heute für die Grünen im Bundestag sitzt, wuchs in Teheran auf und war fünf, als 1980 der Erste Golfkrieg zwischen Iran und dem Irak ausbrach. Seine Eltern besaßen eine Wohnung in Frankfurt am Main, in der die Familie einen Monat im Jahr verbrachte. »Das war Erholung, weg von den Bomben, vom Smog, von der Mangelwirtschaft, vom Anstehen für Milch. Weg davon, dass gleichaltrige Freunde ihre Eltern verloren.« Aber der Krieg blieb die Realität, Frankfurt war die Ausnahme. Ein Klassenkamerad sei über Tage vermisst worden. Nach zwei Wochen hätten sie erfahren, dass er seinem Vater gefolgt war. Gefolgt an die Front.

Vor Nouripours vierzehntem Geburtstag verließ die Familie endgültig die Islamische Republik und siedelte nach Frankfurt über. Nouripours Erzählung von seinem ersten Jahr in der deutschen Schule erinnert mich an meinen für mich namenlos gebliebenen Klassenkameraden. Vollkommen konform sei er, Nouripour, gewesen, er habe nicht gequatscht, keine Späße gemacht. Vermutlich hätte ich ihn ebenso übersehen wie den Jungen mit den schwarzen Buntstiftfliegern. »Wie viele Lasten nehmen Kinder mit?«, fragt Nouripour. Und wie, frage ich mich, können sie sich zu der Last verhalten?

»Zu Beginn der 90er-Jahre hat die Welt insgesamt keine neuen Übel hervorgebracht, sondern ist in mancherlei Hinsicht *besser* geworden«, schreibt Francis Fukuyama in seinem Buch *Das Ende der Geschichte,* dessen Titel für viele wie das Versprechen zu Beginn der 90er klingt.[6] Fukuyama selbst ist in seiner Analyse der Schwächen autoritärer Regime und des Erfolgskurses der Demokratie erheblich reflektierter und weitsichtiger, als viele seiner Kritiker ihm zugestehen, vor allem jene, die sein Buch nie über den Titel hinaus gelesen haben. Dennoch ist Fukuyamas westlicher Optimismus jener kurzen Zeitspanne zu Beginn der 90er geschuldet, in denen das Sowjetreich zusammenbrach, Nelson Mandela aus der Haft entlassen wurde, die Apartheid ein Ende fand und in Lateinamerika die Mitte der 80er-Jahre begonnene Redemokratisierung voranschritt. Im April 1994 brachen die düsteren Seiten des menschlichen Zusammenlebens in aller Deutlichkeit auf: Mit dem einhundert Tage dauernden Genozid in Ruanda und dem dortigen Versagen der Vereinten Nationen war nicht die Geschichte, sondern der Traum von einer zunehmend befriedeten Welt wieder zu Ende.

Gewählter Wechsel und
neue Kriege

Mit den Ereignissen in Ruanda bekamen auch die hübschen selbst gemalten Postkarten mit Täubchen auf blauem Grund einen blutigen Rand. Aus pazifistischem Großmut waren sie von einem bildungsbürgerlichen Haushalt zum anderen verschickt worden, die Forderung nach Frieden auf Erden auf ihrer Rückseite. Dieses Engagement kostete ein paar Groschen. Das Ausbleiben westlicher Soldaten in Ruanda kostete fast eine Million Menschen das Leben.

Wenn ich an meine Schulzeit zurückdenke, erinnere ich mich nicht daran, dass der Völkermord in Ruanda für uns bereits ein bewusst erlebtes Ereignis war. Der Frage nach Krieg und Frieden spürten wir aber sehr wohl schon nach. Wir besuchten die Ausstellung »Verbrechen der Wehrmacht« und stritten in unseren ersten Grabenkämpfen zwischen CDU-Lager und Grünenclique während des Gemeinschaftskundeunterrichts über die Aufgabe der Bundeswehr und den Atomausstieg. Meine Freundinnen und ich wurden die Ökos genannt, wir träumten von fünfzehn Prozent für die Grünen im Bundestag, das Gegenlager träumte von Helmut Kohl für immer. An Samstagen legten wir unser Taschengeld zusammen und fuhren mit dem Wochenendticket der Bahn ins Wendland, um gegen Castor-Transporte, Endlagerung und Atomkraft im Allgemeinen zu demonstrieren.

Es war nicht so, dass wir unpolitisch waren, aber zu wenig, würde ich im Nachhinein sagen, prüften wir, was unser eigenes Anliegen hätte sein können und ob das, was die Überzeugungen unserer Eltern waren, wirklich in jedem Punkt und auch auf den zweiten Blick noch das Richtige und Angemessene war. Und ob, selbst wenn wir von dem Gleichen aufgewühlt waren, unsere eigenen Konsequenzen daraus nicht neue Wege hätten finden können. Stattdessen führten wir die Kämpfe unserer Eltern fort, wir erbten noch zu ihren Lebzeiten ihre Ideen und Ideale, holten zum Teil sogar ihre eingemotteten Ideologien vom Speicher und staubten sie ab. War die Generation vor uns noch wütend gegen die Generation ihrer Eltern auf die Straße gegangen, hatte sich nun im bürgerlichen Milieu eine fast schon zu harmonische Beziehung zwischen Eltern und Kindern entwickelt, von wenigen Pubertätsstreitigkeiten getrübt. Als wir die Sticker mit der strahlenden Sonne gegen die Atomkraftwerke auf Autohecks klebten, dachte noch kaum jemand darüber nach, ob die Kohlekraftwerke nicht in der näheren Zukunft noch gefährlicher sein würden für das kippende Klima. Und Frieden, natürlich, wer wollte das nicht, aber die Forderungen aus dem Bonner Hofgarten Anfang der 80er nach deutscher Totalabstinenz von militärischer Einsatzbereitschaft – hatten die sich nicht in Ruanda und etwas später in Srebrenica brutal überlebt?

Jens Spahn »erinnert sich an Pädagogen, die im Unterricht zu Antiatomkraftdemonstrationen aufriefen und patzig reagierten, wenn ein junger Konservativer wie er das als Indoktrination ablehnte«.[7] Es ist ein Konflikt, den ich ähnlich erlebt habe, auch wenn ich selbst keine junge Konservative war und ohnehin zur Demo gegangen wäre. Aber dass unser Lehrer uns, vielleicht ironisch, mit Einträgen ins Klassenbuch drohte, sollten wir dem Antiatomprotest fernbleiben, irritierte mich. Wie viel Spiel in diesem autoritärem Antiautoritarismus gelegen haben mag, kann ich rückblickend nicht mehr sagen. Sicher aber haftete auch den vorgeblich linken Überzeugungen etwas Reaktionäres an, sobald sie allzu starr geworden waren, und doch fiel uns das Rebellieren schwer, solange unsere Elterngeneration Punkfrisuren »witzig« fand, Cannabis legalisieren wollte und am liebsten selbst noch mal zur Hausbesetzungsparty gegangen wäre.

Wie emanzipiert man sich von Eltern, die Rebellion geradezu einfordern? Mit Bravheit, mit Angepasstheit, mit Leistung oder mit Verweigerung des Aufrührerischen? »Du endest mal bei der FDP«, war der schlimmste politische Vorwurf, der meiner Mutter während meiner Pubertät einfiel. Vermutlich besteht meine größte Rebellion darin, mich gut mit Christian Lindner zu verstehen und meiner Mutter hin und wieder süffisant am Telefon zu erklären: »Also ich finde ihn nett.«

Eine Freundin gestand mir später, sie habe es immer irritiert, dass es bei uns kein zweites Stockwerk gab. Die kleine Mietwohnung, die meine Mutter bezahlen konnte, bestand aus zweieinhalb Zimmern neben dem Bahndamm. Die Dämpfe der Reinigung, die im Erdgeschoss lag, nebelten wochentags unseren Balkon ein. Die anderen wuchsen in elterlichen Eigentumshäusern mit Garten auf, verfügten über weitläufige Jugendzimmer, in denen wir Che Guevara lasen und uns dabei von der Ungerechtigkeit der Welt und dem globalen Wohlstandsgefälle erschüttert ließen. Ich weiß nicht, ob einer meiner Freundinnen dieser Widerspruch damals schon auffiel. Mir gewiss nicht. Ich las Simone de

Beauvoir und versuchte zu überspielen, dass ich nicht alles verstand, und folgte der Serie *Akte X*, in der die beiden FBI-Agenten Scully und Mulder gegen Außerirdische, vor allem aber gegen die Verschwörungen eines korrupten politischen Machtsystems kämpften.

Im Mai 1998 landeten zwei meiner Schulfreundinnen auf der Titelseite der Regionalzeitung, entspannt in einem riesigen C liegend, das man zusammen mit einem D und einem U vor der Bremer Stadthalle aufgestellt hatte. »Jugendliche begeistern sich für die Politik«, lautete die Bildunterschrift, was zwar nicht ganz falsch war, allerdings die Trillerpfeifen unterschlug, die beide noch einsetzen würden, um gegen den Kurs der CDU zu demonstrieren. Die CDU, seit unserer Säuglingszeit an der Regierung, machte uns den Widerspruch leicht: Mit ihr konnten wir nicht nur voll jugendlichem Elan eine konservative Lebensform mit Pfälzer Dialekt ablehnen, sondern auch Machtprozesse im Allgemeinen. Wir, obwohl erst sechzehn und von der Bundestagswahl ausgeschlossen, fieberten dem zu wählenden Wechsel entgegen, ohne zu bemerken, dass man zwar eine Partei, nicht aber die Komplexität und die Nebenwirkungen von Macht abwählen kann.

Von Schröders Wahlsieg im Herbst 1998 erfuhr ich in einem kleinen Ort namens Matthews in North Carolina, einer Anhäufung von Fertighäusern der unteren Mittelschicht, die um einen Supermarkt und einen McDonald's-Drive-in gruppiert waren. Mit einem Stipendium des Bundestags war ich für einen Highschool-Aufenthalt in diese von Evangelikalen und Baptisten geprägte Gegend gelost worden, in der ich lernte, wer Gott war und dass er nicht, wie ich, zur katholischen Kirche gehörte. Mit Menschen dunkler Hautfarbe sollte ich nicht reden, denn ihre

Aussprache sei schmutzig, erklärte meine Gastmutter, eine überzeugte Republikanerin und eine der wenigen in der Nachbarschaft, die wählen ging. Sie trug den ovalen Aufkleber *I voted* wie ein Abzeichen an ihrer Jacke; ihre Bekannten interessierten sich mehr für die Lewinsky-Affäre als für Abstimmungen. Trotz aller vorweggenommenen Enttäuschungen, die ich mir in den Vorbereitungskursen der Austauschorganisation hatte beibringen lassen, entsprach nichts in Matthews dem Freiheitsversprechen der Vereinigten Staaten, wie ich es mir erträumt hatte. Etwas davon würde ich Jahre später finden, als ich kurz nach Obamas Wahlsieg in New York ankam. Ich lernte ein so anderes Bild der Vereinigten Staaten als damals in Matthews kennen, dass ich mich, lege ich beide Erfahrungen übereinander, über die heute so oft beschriebene tiefe Spaltung des Landes kaum wundern kann.

Gern würde ich behaupten, dass damals bei meiner Gastfamilie in North Carolina *Fox News* eingeschaltet war, aber um ehrlich zu sein, erinnere ich mich nicht mehr, welches Programm am Abend des 27. September lief oder welche Bilder aus Deutschland gezeigt wurden, nur, dass ich das erste Mal seit meiner Abreise überhaupt etwas aus Deutschland sah. In meine Freude über den Wahlsieg von SPD und Grünen, die endlich die bleiernen Kohljahre beenden würden, michte sich erlöstes Heimweh. Ich war aufgewühlt, und meine gerührte Gastmutter beglückwünschte mich, dass nun auch in meiner Heimat, wie sie glaubte, die Diktatur gestürzt worden sei. Ihre Rührung wird ihr am nächsten Tag vergangen sein, als der *Charlotte Observer* eine dunkle Karte vom »socialist Europe« abdruckte und vom Fall des konservativen Lagers im mächtigsten der europäischen Staaten berichtete. Zehn der fünfzehn EU-Länder waren nun in der Hand der Sozialdemokratie. Die Revolution stand vor der Tür.

Da stand sie nicht nur aus Sicht des *Charlotte Observer*. Während in Deutschland Rot-Grün die Regierung stellte und in den USA die Demokraten Sitze im Repräsentantenhaus und im Senat verloren, schrieben Michael Hardt und Antonio Negri an ihrem Buch *Empire*, das zum Befreiungskampf gegen das globale Regime als Ganzes aufrief. Kohl oder Schröder, Al Gore oder Bush? Nur Scheinscharmützel.

Empire bildete so etwas wie einen linken Gegenentwurf zu Fukuyamas optimistischem *Ende der Geschichte.* Das Jahrzehnt, das mit dem Glauben an den Siegeszug der Demokratie begonnen hatte, endete damit, dass uns erklärt wurde: Scheinbar mochte die Welt ja besser werden, aber in Wahrheit befanden wir uns längst in einer imperialen, biopolitischen Machttotalität, die mit Deregulierungsexzessen einen anhaltenden Krisenzustand fabrizierte. Wenn sich auch manches änderte, an Carl Schmitts Diktum, wonach »souverän ist, wer über den Ausnahmezustand entscheidet«[8], hielten noch nach hundert Jahren die Theoretiker links wie rechts fest.

Hardt und Negri erschienen wie das Ermittlerduo Scully und Mulder der akademischen Linken, als seien sie auf der Suche nach der dunklen Macht namens Empire. Die Kontrollmechanismen des Empire hatten wir ihnen zufolge längst internalisiert, geschluckt wie eine Pille, deren Wirkstoff bis in unsere feinsten Kapillaren sickerte. Das Empire-Regime sog sich parasitär an unseren Lebenskräften voll und beutete uns noch perfider aus, als dies in der modernen Disziplinargesellschaft jemals geschehen war. Dass all der vorgeblich unsichtbare Zwang der Postmoderne in Regimen wie China durchaus sichtbar war und noch Spuren der guten alten Disziplinargesellschaft trug, hätte die Autoren eigentlich begeistern müssen. Sie empfahlen Bonmots chinesischer Revolutionäre und machten wenig Unterschied zwischen den Studenten am Tian'anmen-Platz 1989 und den streikenden Franzosen im Dezember 1995.

Böse gesagt, bewahrheitete sich mit Hardt und Negri genau das, was Fukuyama am Ende seines Buchs prophezeit hatte: »Die Erfahrung lehrt, daß Menschen, die für die gerechte Sache nicht mehr kämpfen können, weil diese bereits in einer früheren Generation gesiegt hat, *gegen* die gerechte Sache kämpfen. Sie kämpfen um des Kampfes willen.«[9] Das allein kann den Erfolg des Buches aber nicht ganz erklären. Wenn auch mit einer dicken Schicht Agitprop getüncht, formulierte das Duo letztlich das Unbehagen an einer Welt, in der man kein Außen mehr adressieren konnte, weil die großen Blockkämpfe zwischen Ideologien und Nationen ausgefochten schienen, in der aber trotzdem keine Ruhe einkehrte.

Empire wurde zum Stichwortgeber für die Antiglobalisierungsbewegung. Auch in meinem Umfeld machte sich ein Grüppchen auf, um sich der Normierung der Welt entgegenzustellen. Während ich mich Anfang des neuen Jahrtausends eigentlich aufs Abitur vorbereiten sollte, begleitete ich einen befreundeten Studenten in soziologische Vorlesungen und lauschte in meiner Greenpeace-Gruppe den Erzählungen vom G8-Gipfel in Genua oder vom Protest vor einem Castor-Transport. Es hatte etwas Heroisches, und U-Haft war wie ein Ritterschlag.

Der parteipolitische Machtwechsel in Deutschland war vollzogen, und natürlich verliert, was sich an den Kanten der Realität stößt, seinen träumerischen Zauber. Die aktivistischen Gruppen drangen in das Vakuum vor, das die rot-grüne Regierung auf dem Feld des Wunschdenkens hinterlassen hatte. So reagierte die pazifistische Linke mit Entsetzen darauf, dass ausgerechnet unter einem grünen Außenminister die Bundeswehr wieder zur Einsatzarmee wurde, und das ohne UN-Mandat. »Ich habe nicht nur gelernt: Nie wieder Krieg. Ich habe gelernt: Nie wieder Auschwitz.«[10] Dieses Diktum von Joschka Fischer eröffnete eine neue Ebene deutscher Verantwortung, die nun auch eine militärische war. Deutsche Bundeswehrsoldaten flogen Richtung Kosovo zu einem militärischen Auslandseinsatz, und auf Fischer flogen Farbbeutel.

Ich saß in der Lokalredaktion der *Rheinischen Post* und las etwas zu der Autorin Malin Schwerdtfeger, über deren Lesung ich am Abend berichten sollte, als eine Mitarbeiterin über den Flur rief: »Feierabend gestrichen! Wir müssen die Ausgabe neu stemmen.«

Im Büro meines Nachbarn sah ich auf einem Fernsehbildschirm, wie die Welt am 11. September 2001 einfacher und komplizierter zugleich wurde. Dachte ich an die Menschen in den Türmen, an jene in den Flugzeugen? Ich kann mich nicht erinnern, weder an ein Gefühl von Mitleid noch von Schock. Vielleicht sah ich in diesem Moment wirklich nur ein Spektakel einstürzender Kulissen, inszenierte Fernsehbilder, die irreal blieben.

Der Kalte Krieg hatte für mich bis dahin nur in Berlin, Moskau und Washington stattgefunden. Dass er auch an anderen, aus westlicher Sicht entlegenen Orten gewütet hatte, war mir nicht in den Sinn gekommen, und nun kam von dort das Echo dieses Krieges. Das Außen meldete sich zurück. Aufnahmen zeigten Osama bin Laden, wie er als militärischer Prophet durch eine trockene Berglandschaft schritt. Seine Ikonografie hatte etwas von Jesus, Che Guevara und einem Mullah. War es wirklich schwer zu verstehen, dass so jemand Menschen in seinen Bann schlug, ihnen allein durch seine Erscheinung etwas versprach?

»Seit dem Ende des ›Kalten Krieges‹ hängt das, was man die Weltordnung nennen kann, in seiner relativen und prekären Stabilität weitgehend ab von der Solidität und Vertrauenswürdigkeit, vom *Kredit* der amerikanischen Großmacht«, erklärte der französische Philosoph Jacques Derrida in einem Interview zu den Ereignissen des 11. September. »Diese Supermacht, die mindestens die Rolle des globalen Ordnungshüters spielt, zu schwächen, heißt so gesehen, daß man riskiert, die ganze Welt, die erklärten Feinde der USA eingeschlossen, zerbrechlich zu machen.«

Waren während der Zeit des Kalten Kriegs die Akteure durch das »Gleichgewicht des Schreckens« noch fähig gewesen, sich gegenseitig zu neutralisieren, so war diese Balance nun in sich zusammengebrochen, und darin sah Derrida etwas, das schlimmer war als der Kalte Krieg, man könnte auch sagen: gefährlicher. Die islamistischen Netzwerke waren dabei »Konsequenz sowohl des Kalten Krieges als auch der Übergangszeit« danach.

Derrida diagnostizierte in den Anschlägen al-Qaidas auf das Pentagon und das World Trade Center einen neuen Typ von Invasion, da sie das Territorium eines Landes trafen, das »eine virtuell souveräne Rolle unter den souveränen Staaten spielt. Und folglich die Rolle des Garanten und des Beschützers der gesamten Weltordnung«. Nicht allein das Territorium griff das Terrornetzwerk an, sondern »zwei symbolische und tatsächlich wesentliche Orte des amerikanischen Corpus«, nämlich mit dem World Trade Center

»den ökonomischen Ort des kapitalen ›Kopfes‹ des Welt-
kapitals« und mit dem Pentagon »den strategischen, militärischen und administrativen Ort der amerikanischen
Hauptstadt«.[11]

Hatte sich bei mir mittlerweile Mitleid eingestellt,
Schock oder Panik? Alles, woran ich mich erinnere, ist der
überraschte Ausruf einer Kollegin: »Und jetzt auch noch der
zweite Turm!« Ich bin mir sicher, niemand begriff damals
wirklich, was geschah. In der Redaktionskonferenz suchten
die Redakteure nach prominenten Stimmen, die das Ereignis kommentieren sollten, und ich als Praktikantin wurde
losgeschickt, um mich in Dönerläden nach zunehmendem
Rassismus zu erkundigen. Ob diese Idee selbst nicht schon
einigermaßen rassistisch war, darf jeder für sich beantworten.

Ganz sicher dachte ich nicht an Hardt und Negri oder
daran, dass sie in den einstürzenden Türmen vermutlich
den perfekten Vorwand für das Empire-Regime ausmach-
ten, Polizeigewalt im Ausnahmezustand auszuweiten. Ich
dachte nicht daran, dass die Verletzlichkeit des Westens
– mehr noch: der globalen Weltordnung, vertreten durch
die letzte Supermacht USA – von nun an eine offene Flanke
war. Ich stellte mir nicht vor, dass wir zurückkehren würden
in ein archaisches Narrativ vom Guten und Bösen, von der
Aufteilung der Welt in neue, asymmetrische Fronten. Ich
fragte mich nur, ob die Lesung am Abend stattfinden würde.
Denn ich begriff an diesem Tag nicht im Geringsten, was
gerade passierte, war ich doch in einer Welt aufgewachsen,
in der sich alles immer zum Besseren gewandelt hatte. Auch
dann noch, wenn es vorübergehend nicht danach aussah.

Jobcenter und Yogamatte

»Wir werden nicht alles anders, aber vieles besser machen.«[12] Dieser Satz aus dem SPD-Wahlkampf von 1998 hatte den deutschen Zeitgeist am Ende der 90er-Jahre und nach sechzehn Jahren Kohl zusammengefasst: Man wollte Veränderung, aber bitte nicht zu viel. Doch die Veränderung hielt sich nicht an das, was die SPD für sie plante. Anfang der 2000er-Jahre war die bedrohliche globale Instabilität in unser Bewusstsein gerückt, die zu groß, zu schnell, zu radikal und zu undurchschaubar schien, als dass man ihr entgegentreten konnte, und die sich im Terrorakt als einem von diversen bedrückenden Angstszenarien ausdrückte.

Kaum hatte die Bevölkerung verdaut, dass ausgerechnet eine rot-grüne Regierung die Bundeswehr in ihren ersten Kampfeinsatz geschickt hatte – als Teil der Allied Forces im Kosovo –, rief 2001 die NATO zum ersten Mal seit ihrem Bestehen den Bündnisfall nach Artikel 5 des Nordatlantikvertrags aus. Deutsche Soldaten flogen nun als Teil der ISAF-Truppen nach Afghanistan. Militärische Konflikte wurden wieder unmittelbare Realität deutscher Sicherheits- und Bündnispolitik.

Auch die Schattenseiten einer globalisierten Wirtschaftsordnung oder vielmehr -unordnung traten zunehmend ins öffentliche Bewusstsein, sie sollten sich zum Ende des Jahrzehnts noch deutlich schmerzhafter abzeichnen.

Schon 2000 hatte mit dem Platzen der Dotcom-Blase nicht nur die Aufbruchstimmung der New Economy eine jähe Talfahrt genommen.

Gab es trotzdem noch Globalisierungseuphorie? Vermutlich in den Lufthansafliegern von Frankfurt nach Kuala Lumpur, von Düsseldorf nach New York, in denen Menschen unterwegs waren, um mit Geschäftsabschlüssen, Rucksacktourismus (unbedingt *local*) oder Shoppingerlebnissen ihre eigene Besonderheit und ihren Selbstwert zu unterstreichen. Aber außerhalb dieser überwachen Traumwelt?

Ich war zum Studium nach Leipzig gezogen, in eine der prosperierendsten ostdeutschen Städte. In der sanierten Innenstadt und in dem zur Shoppingmall ausgebauten Hauptbahnhof bekam man wenig davon mit, wie in den neuen Bundesländern ganze Industriezweige abgewickelt wurden und einst geschätzte Arbeit nun überflüssig war. Das billige Laminat und die über Stuck abgehängten Decken unserer Studenten-WGs ließen uns ahnen, dass die westdeutschen Investoren nicht nur aus Liebe zu ostdeutschen Altbauten ihre Gerüste aufstellten. Dass es einen gravierenden Selbstwerteinbruch bei vielen Menschen hier gab, war die wenig überraschende Folge.

Aber auch in Westdeutschland lief es nicht gut. Deutschland galt als kranker Mann Europas, mit schwächelnder Wirtschaft, hoher Arbeitslosigkeit, Reformstau. Im Westen traf es die Menschen allerdings milieuspezifischer und damit vor allem die Arbeiterklasse. Schröder ging mit enormem Reformwillen die verkrusteten Strukturen an, und nicht nur die Werbeagenturen hatten Anfang der 2000er-Jahre verstanden, dass das Medium die Botschaft ist und die Verpackung mindestens so wichtig wie der Inhalt. Mit einer neuen, dynamischeren Sprache wurden die tristen Ränder der Gesellschaft zurück ins Licht geholt: Aus »Sozialhilfe«, in der Bedürftigkeit offen mitschwang, wurde »Hartz IV«, nüchtern und sachlich wie ein renovierter Büroflur. Man ging auch nicht mehr zum Amt, sondern zum Jobcenter, was nach Hochglanzkatalogen mit schicken Angeboten fürs Geldverdienen klang.

Die Idee, dass die Sprache die Zustände ändert und nicht die Zustände die Sprache, kommt immer wieder in politischen Diskursen auf. Oft ist die Umgangssprache klüger und lässt hinter den gut gemeinten Sprachkonzepten schnell das aufscheinen, was an unverändertem Missstand noch dort liegt. Hartz IV zu empfangen klang nach Dokumentenmappen und neuer Besoldungsgruppe. Bald empfing man aber nicht mehr Hartz IV, sondern »hartzte« und saß damit auch sprachlich wieder fest im Elend, ohne wirkliche Perspektive.

Meine Generation kam mit den Hartz-Reformen auf dem Arbeitsmarkt an. Schon in den Einführungsvorlesungen an der Uni wurde ich von Professoren mit dem Hinweis begrüßt, dass sich mit Geisteswissenschaften heutzutage kein Geld mehr verdienen ließe und wir für den Arbeitsmarkt eine verlorene Generation wären. Das, was Habermas einst das Ende der Utopien genannt hatte, war nun ausgearbeitet in der tristen Funktionalität der Jobcenter und in der Schröder'schen Mahnung: »Es gibt kein Recht auf Faulheit.« Der Satz, der die Grenzen des Wohlfahrtsstaats markierte, hatte seine Härte wohl auch aus Schröders eigener Herkunft. Vaterlos in einer auf staatliche Fürsorge angewiesenen zersplitterten Familie aufgewachsen, war ihm Armut vertraut. »Wir waren die Asozialen«, sagte er selbst in einem Interview 2004 über seine Herkunft.[13] Von dort unten hatte er sich hochgekämpft bis ins mächtigste Amt des Staates. Ihm fehlte vielleicht die Milde derer, denen auch mal was geschenkt worden war.

Der Journalist und Schriftsteller Christian Baron erlebte die Umstellung auf Hartz IV im unmittelbaren Familienkreis. Seine Ernüchterung war noch zu spüren, als er mir sechzehn Jahre später, an einem Sommertag im Biergarten, davon erzählte. 2002 war er in die SPD eingetreten, nicht nur, wie er betont, weil sie in seiner Familie als Partei der kleinen Leute positiv konnotiert war, sondern auch, weil er sich an einzelne Politiker erinnerte, die ihm und seinen Geschwistern nach dem Tod der Mutter geholfen und der Tante, die sich fortan als Pflegemutter um sie kümmerte, eine größere Wohnung ermöglicht hatten. Dann kam der Januar 2005, und Hartz IV trat in Kraft.

Baron erlebte mit, was die Reform bei den Betroffenen anrichtete. Sein Bruder musste trotz Ausbildung aufstocken, damit das Geld zum Leben reichte. Einen Termin beim Jobcenter konnte er nicht wahrnehmen, weil sein Chef ihn hatte Überstunden schieben lassen, und die Sanktionierungen folgten auf dem Fuß, wie Christian Baron mir erzählte. »Was sollte mein Bruder machen, wenn der Chef sagt: ›Heute Nachmittag bleibst du länger?‹ Sein Sachbearbeiter hat nicht mal mit sich reden lassen. Das ist doch von der Idee her schon falsch, das hat nichts mehr mit fördern zu tun.« Baron schrieb einen fünfseitigen Brief an Malu Dreyer, die damalige SPD-Vorsitzende von Trier, in dem er seinen Austritt aus der SPD erklärte. Eine Antwort kam, aber es waren nicht mehr als ein paar Standardsätze über Eigenverantwortung und Generationengerechtigkeit.

Diese Geschichte erzählt nicht nur von bürokratischen Strukturen, sondern auch von klassenspezifischem Habitus, und der würde für meine Generation, die unter einem gehobenen Optimierungsdruck stand, wieder bedeutender werden als für die Generation vor uns. Wer aufgrund seiner Herkunft selbstbewusst auftritt, über alternative Ausbildungschancen und eine wenn auch noch so kleine finanzielle Rücklage verfügt, kann sich überzeugender für die eigenen Interessen einsetzen und wird nicht so schnell zwischen zwei widerstreitenden Anforderungen zerrieben wie im Fall von Barons Bruder zwischen der des Sachbearbeiters auf der einen und der des Chefs auf der anderen Seite.

Nicht nur an diesem Beispiel zeigte sich, wie verkürzt Schröders Faulheitsdiktum eigentlich war, denn es galt im Grunde bloß für die unteren Stufen der Gesellschaft, was die soziale Spaltung zusätzlich vertiefte. Die Mittelschicht durfte ja durchaus hin und wieder faul an Stränden liegen. Pensionierte Studienräte machten Kreuzfahrten, Studentinnen reisten nach Vietnam oder Indien, um auf Yogamatten oder in *Lonely Planet*-Bars zu sich selbst zu finden, und im Alltag suchte man eine ideale Work-Life-Balance. So gesehen stimmte Schröders Satz aber auch wieder: Jeder Lebensbereich war eingebunden in einen strikten Optimierungsplan, und selbst beim Faulsein galt es, sich anzustrengen und besser zu sein als die anderen.

Deutlich fataler aber blieb Schröders Satz für die Arbeiterklasse. Zu einem Zeitpunkt, da die klassischen harten körperlichen Jobs verschwanden und die betroffenen Menschen sich zunehmend überflüssig fühlten, war es wie ein Schlag ins Gesicht der prekären Gruppe, ihnen auch noch das innere Arbeitsethos abzusprechen und damit das zu zerstören, was ihnen an Selbstwert und Würde geblieben war. Schröder wirkte dadurch wie ein Milieuaufsteiger, der diejenigen nicht mehr verstand, die am Aufstiegsversprechen scheiterten. Er hatte die SPD in die politische Mitte gerückt, Reformen für die Mitte gemacht und eine Rhetorik für die Mitte benutzt. Das Problem der mittigen SPD war nicht die Idee vom schlanken Staat oder das Aufbrechen verkrusteter Strukturen. Strukturen fühlen sich normalerweise nicht wertlos oder herabgewürdigt – Menschen hingegen schon.

Ich saß auf dem Sofa einer Freundin in Kreuzberg, als eine weitere Gewissheit zerbrach. Während die CDU-Spitzenkandidatin Angela Merkel am Abend der Bundestagswahl im September 2005 mit höflicher Sachlichkeit darauf hinwies, die Volksparteien hätten zwar beide verloren, die SPD aber noch ein wenig stärker, platzte dem noch amtierenden Bundeskanzler Schröder vor laufender Kamera der Kragen. Schon beleidigt, weil er nicht als Erster hatte reden dürfen, warf er ARD und ZDF tendenziöse Berichterstattung vor, gar Beeinflussung. Er bleibe Bundeskanzler, »auch wenn Sie dagegenarbeiten«. »Nicht alles, was Ihnen nicht passt, ist Medienkampagne«, konterte Moderator Nikolaus Brender.

Wir lachten irritiert – und vielleicht war das der Moment, an dem für unsere Generation das Konzept der Stammwählerschaft seine Selbstverständlichkeit verlor. Die CDU war für meine Schulfreundin der Klassenfeind, aber sogar sie, der die PDS noch nicht links genug war, konnte nicht länger verbergen, dass sie in diesem Showdown auf der Seite Merkels stand. Selbst Guido Westerwelle wirkte an diesem Abend gegen Schröder bescheiden. Es ist schon ironisch, dass ausgerechnet Schröder mit seinem Auftritt womöglich Merkel die parteiinterne Macht sicherte, die nach dem mäßigen CDU-Wahlergebnis sonst gewackelt hätte. Neben dem tobenden Altkanzler konnte Merkel als souveräne Staatsfrau aus dem Abend gehen. Gegen welche Widerstände politische Macht an eine Frau überging in einem Land, in dem das Kanzleramt bis dahin immer männlich besetzt gewesen war, zeigte sich nicht nur am Wahlabend, sondern auch in den Tagen darauf. Linda Teuteberg erinnert sich an eine politische Veranstaltung kurz nach der Wahl. Kaum war der Moderator von der Bühne runter, habe er getönt: »Diese Frau wird nie Kanzlerin.« »Man sprach der Frau, die die Wahl gewonnen hatte, ab, die Regierung zu bilden, und es gab wenig Widerspruch in der deutschen Öffentlichkeit, übrigens auch nicht von Spitzenpolitikerinnen der SPD«, sagt Teuteberg. »Es war offenbar für viele außerhalb der Vorstellungskraft.«

Schröders Verhalten am Wahlabend war verheerend, und das nicht nur für ihn und die SPD. Natürlich, es war ein einzelner Auftritt, und man kann eine siebenjährige Kanzlerschaft nicht an 45 Minuten Sendezeit messen. Dennoch war der Fernsehauftritt eines amtierenden Bundeskanzlers, der die Macht nicht loslassen will, mehr als ein Fauxpas und mehr als bloß ein taktisches Manövrieren, um die eigene Verhandlungsposition zu stärken. Es beschädigte das Vertrauen in den demokratischen Machtwechsel.

Das im Jahr 2004 auf Englisch erschienene Buch *Postdemokratie** des britischen Politikwissenschaftlers Colin Crouch hob mit dem Vorwurf an, bei der US-Präsidentschaftswahl im Jahr 2000 seien »die Ergebnisse in Florida schwerwiegend manipuliert« worden, was für den Sieg

---

* Auf Deutsch erschien es erst 2008, aber auf Italienisch lag es bereits 2003 und auf Englisch 2004 vor. Der Begriff »Postdemokratie« wurde zuvor von Jacques Rancière verwendet.

George W. Bushs entscheidend gewesen sei.[14] Crouch beschrieb polemisch eine marktfixierte Gesellschaft und suggerierte, wir lebten nur noch in der Kulisse einer Demokratie, die durch Wirtschaftseliten und Lobbyismus, durch Manipulation und Neoliberalismus leergekauft war.

Sein Buch reflektierte dieses Phänomen aber nicht nur, sondern befeuerte ein Misstrauen gegenüber demokratischen Strukturen und Institutionen. Wie einst beim Ende der Geschichte schwebte auch Crouchs Buchtitel wie ein Gespenst durch die Köpfe und warf die Frage auf, wofür man sich noch einsetzen sollte, wenn ohnehin alles nur Etikettenschwindel war. Selbst so kluge Autoren wie Roger Willemsen und Carolin Emcke ließen sich in Reportagen und Büchern despektierlich über die parlamentarische Demokratie aus.* Der französische Philosoph Alain Badiou meinte gar, dass die Demokratie nur noch »eine konservative Oligarchie versammelt«, bemängelte die »grenzenlose *Einfalt* der Demokratien unserer Zeit« und empfahl stattdessen den Kommunismus.[15]

Sich ausweitende Ressentiments gegenüber den bestehenden Institutionen scheinen mir in linken Milieus prägend für die Nullerjahre und darüber hinaus gewesen zu sein – mindestens bis zum Einzug der AfD in die Parlamente. Sicher lag in der Institutionenskepsis noch ein Erbe der 68er, hinzu kam die Erschöpfung der Kohl-Zeit, aber auch die Ernüchterung über den Regierungswechsel und

---

* Beispielhaft hierfür ist die Bundestagsreportage von Carolin Emcke: »Fremd im eigenen Land« (in: *ZEITmagazin* 14/2013). Auch Roger Willemsens Buch *Das Hohe Haus. Ein Jahr im Parlament* (Frankfurt am Main 2014) ist – etwas milder – exemplarisch für Politikskepsis.

den Rückbau des Wohlfahrtsstaats gerade unter europäischen Sozialdemokraten wie Schröder und Blair. Nicht bloß wir sind müde von einer Demokratie, bedeutete uns damals die linke antiparlamentarische Botschaft, sondern die Demokratie selbst ist es. Materialmüde. Es knarrte im Gebälk.

Was war dran an diesem Eindruck? Die Regeln des Wohlfahrtsstaats und der nivellierten Mittelstandsgesellschaft (Helmut Schelsky) waren in der Tat zunehmend vergessen und traten hinter die Interessen einer globalen Wirtschaft zurück. Die klassische Sozialdemokratie war auf den Dritten Weg abgebogen, auf dem wirtschaftsliberalen Konzepten immer mehr Raum gegeben wurde. Doch die Nostalgie gegenüber der untergehenden Wohlfahrtsgesellschaft blendete aus, wie viel auch an bleierner Starre in den Normen und Normalitätszwängen jener vergangenen Zeit gelegen hatte, in der kaum jemand von den festgeschriebenen, einengenden Rollen in der traditionellen Kleinfamilie, im Arbeitsleben, in der Gemeinschaft abweichen konnte, und wie wenig Spielraum zur freien Entfaltung den Einzelnen somit blieb.

Neoliberalismus wurde zum Schimpfwort per se, es fasste das Böse in einen Begriff. Ähnlich wie bei dem Spiel Stille Post wurde es allerdings ungenauer und missverständlicher, je häufiger es verwendet wurde. Das hatte zwei fatale Folgen: Erstens gerieten andere Problemursachen als der Neoliberalismus zu sehr aus dem Blick, zweitens wurde der Liberalismus auf ein wirtschaftsliberales Extrem reduziert und damit letztlich ein Antiliberalismus kultiviert, der rechtem Illiberalismus den Steigbügel hielt.

Heute, viele Jahre später, gesteht Crouch selbst ein, dass er sich in manchem geirrt hat. So habe er den erstarkenden Rechtspopulismus »als Faktor massiv unterschätzt«. »Denn in fast allen Ländern der demokratisierten Welt sehen wir Parteien, die fremdenfeindliche Rhetorik nutzen und damit erfolgreich sind. Weit erfolgreicher, als ich es mir 2003 vorstellen konnte. (…) Eine andere Sache, die ich 2003 unterschätzt habe: Wie wichtig für die Demokratie der oft leise Schutz von Institutionen ist.«[16] Gegen das institutionelle Erbe zu polemisieren, das von den Älteren an uns übergehen würde, war sogar meiner stillen Generation leichter gefallen, als dem Schutz von Institutionen Raum zu geben.

Sommermärchen und Wirtschaftskrise

Ich kam mit der neuen Kanzlerin in der Hauptstadt an. Berlin war nicht mehr das wilde, anarchische Brachland der 90er, in das hinein von überall Neues gedrängt war, eine Stadt, in der in einem teils gelenkten, teils wild wuchernden Prozess eine weltgeschichtliche Teilung vernarbte. Die leeren, demolierten Straßenzüge aus *Lola rennt* waren verschwunden, ebenso die Schlangen vor den Telefonzellen in Friedrichshain und die illegalen Clubs in den schmuddeligen Hinterhöfen von Mitte und Kreuzberg. Die Risse der Stadt liefen entlang der Gedenkmeilen, das Ampelmännchen war längst zu Touristenkitsch herabgewürdigt, überall wurde gebaut, geglättet, die neue Hauptstadt ausstaffiert.

Dabei prägte die Geschichte weiterhin das Stadtbild. Die Gebäude des ehemaligen Reichsluftfahrtministeriums und der einstigen NS-Reichsbank, von der aus die Kriegsfinanzierung des Zweiten Weltkriegs gesteuert worden war, standen mitten in der alten neuen Hauptstadt und beherbergten nun moderne Ministerien. Niemand schien sich daran zu stören. Wäre eine so selbstverständliche Zweitverwertung von Nazi-Architektur heute immer noch denkbar?

Das Gebäude-Recycling beschränkte sich nicht aufs Berliner Stadtzentrum und auch nicht auf die Zeit vor '45. Einmal die Woche fuhr ich nach Potsdam-Golm, um in einem einstmals für die Stasi-Universität errichteten Hochhaus Vorlesungen über Shakespeare anzuhören, und half in einem Café am Alexanderplatz aus, in das sich selten Gäste verliefen und von dem aus ich, eine Bionade aus dem Kühlfach in der Hand, auf den Palast der Republik blickte.

2005 war nicht nur das Jahr, in dem Angela Merkel an die Macht kam und Oskar Lafontaine mit Gregor Gysi Die Linke gründete, es war auch das Jahr, in dem Coca-Cola vergeblich versuchte, die Marke Bionade zu kaufen, sie aber immerhin als Handelsware in ihren Vertrieb nehmen durfte. Wenn es ein Produkt gibt, das die viel gescholtene neue Mittelschicht und ihre Bedürfnislage verkörpert, dann ist es diese fermentierte Bio-Brause. Sie war schon grün-konservativ, noch ehe Winfried Kretschmann Ministerpräsident wurde, sie war wie Kinderyoga und Seifenblasen für Erwachsene, nämlich süß, harmlos und vorgeblich gesund, und sie war eine Antwort auf den Wunsch nach Singularisierung und Valorisierung, der laut dem Soziologen Andreas Reckwitz die neue, gut ausgebildete Mittelschicht kennzeichnet: Ihre Konsumgüter sollten nicht standardisiert und nicht bloß Mittel zum Zweck sein, sondern authentisch und ein Wert für sich. Dass ausgerechnet Coca-Cola, Inbegriff für standardisierte, ernährungswissenschaftlich wenig wertvolle Produkte, sich hier einklinkte, könnte man ironisch nennen oder einfach auf eine ungetrübte Wechselwirkung zurückführen: Großkonzerne bedienen kaufkräftige Milieus, und kaufkräftige Milieus setzen wiederum ihre Bedürfnisse bei den Großkonzernen durch. Vor allem aber zeigte es, wie schnell vermeintliche Authentizität zur glatten Marke wurde.

Glitzerfolie statt Aktenberge, Seifenblasen statt Strategiepapier: Politik wurde für meine Generation dann interessant, wenn sie sich als Lifestyle-Objekt verpacken ließ. Sie war nun Nabelschau und ein Gespräch über den Müsliriegel für die Kinder, die Bepflanzung vor der Eigentumswohnung im Kollwitzkiez und das Charity-Event, für das auf der nächsten Dinner-Party viel Lob wartete. Mein Haus, meine Kinder, mein Manufactum-Schneidebrett. Prestigefixierung wurde um den Aspekt des Well-being und Well-doing erweitert, und aus dem Yuppie-Dasein wurde Bionade-Biedermeier. Die Zukunft war wichtig, denn sie hörte auf den Namen Leonhardt-Viktor und war die Gegenwart im Miniaturformat.

Jahre später würde Sahra Wagenknecht in ihrem Buch *Die Selbstgerechten* diesem Milieu, das nicht müde wurde, von anderen Toleranz zu fordern, selbst Intoleranz und Illiberalität vorwerfen. Gerade jene, denen der Spruch *Check your own privileges* allzu leicht von den Lippen gehe, übersähen oft großzügig ihr eigene Privilegiertheit. Der Vorwurf, mit zweierlei Maß zu messen, war aber bereits Jahre vor Wagenknecht da und zielte auch auf die Frage, ob überhaupt alles links war, was sich selbst gern als solches betrachtete. So hielt sich schon lange das Gerücht, es gäbe gar keine Grünen, nur eine FDP mit und eine ohne Fahrrad. Spätestens seit die Grünen verstanden, dass sie das Potenzial für eine neue Volkspartei hatten, eingeleitet mit der Wahl Winfried Kretschmanns zum baden-württembergischen Ministerpräsidenten 2011, verabschiedeten sie sich immer weiter von ihrer antibürgerlichen Tradition.

Wurden auch meine Freunde und ich bürgerlicher? Vielleicht nicht im klassischen Sinne, denn in Berlin war man darauf spezialisiert, die schwebende Zeit endlos auszudehnen, in der nichts festgelegt war außer dem letzten Absacker in der Kneipe um halb vier am Morgen. Aber je älter wir wurden, desto stärker differenzierten wir uns in

Milieus aus oder kehrten vielmehr in die Milieus unserer Herkunft zurück: Die neue Mittelschicht war zum Studium dorthin gezogen, wo es am zukunftsträchtigsten war (selten die Heimat), die alte Mittelschicht blieb oder ging dorthin zurück, wo das Haus der Eltern und damit ihr Erbe stand (selten an Hotspots), und die prekäre Klasse schlug sich irgendwie durch.[17] Bei Kulturschaffenden überschnitten sich zwar Mittelschicht und Prekariat, aber es machte einen Unterschied, ob ich kellnerte und in einer schäbigen WG ohne Waschbecken im Bad wohnte, weil ich auf meinen Durchbruch als Künstlerin oder zumindest auf meinen Studienabschluss wartete, oder ob ich putzen ging und in einer winzigen Wohnung im Außenbezirk lebte, weil der Mittelstand mit seinen Sicherheiten, Bildungschancen, Bausparverträgen für mich unerreichbar war. Beides nannte sich prekär, aber eigentlich gab es keine Verbindung zwischen beiden Welten. Die Gegenläufigkeit der Sozialmilieus zeigte sich in der Berliner U-Bahn um fünf Uhr morgens: Die einen fuhren zur Arbeit, die anderen fuhren betrunken und übermüdet nach Hause, und man konnte davon ausgehen, dass jene, die zur Arbeit fuhren, über ein deutlich geringeres Einkommen verfügten als jene, die vom Feiern kamen.

Hatte es den Klebstoff je gegeben, mit dem früher angeblich die Gesellschaft zusammengehalten worden war, oder hatten die Milieus immer schon aneinander vorbeigelebt? Waren die linksbourgeoisen 68er, die mit ihren Flugblättern vor den Fabriktoren gestanden hatten, weniger Kämpfer für die Arbeiterklasse gewesen als belehrende Klugscheißer, die den Weg zur Stechuhr verstellten?

Was früher die Flugblätter an Fabriktoren gewesen waren, war in meiner Generation zu Slogans auf Werbegeschenken geworden. Ein Dramaturgenfreund erzählte mir von einer Theateraktion an einer Brennpunktschule, die mir einiges über unsere blinden Flecken zu verraten scheint. Die Akademikerkünstler hatten dort mit Aplomb zur subversiven Desintegration aufgerufen und Jutebeutel mit dem Logo des Stadttheaters an die Jugendlichen verteilt, die nicht so recht wussten, weshalb ausgerechnet Stoffbeutel ihnen perspektivisch weiterhelfen sollten. Um Desintegration zu wollen, muss man erst einmal Chance auf Integration haben. Anstatt über die gesellschaftliche Teilhabe dieser jungen Menschen nachzudenken, hatten die Künstler aber lieber die Befindlichkeiten des eigenen Milieus auf sie projiziert und ein PR-taugliches Event daraus gemacht.

Es gab in dieser bürgerlichen Mittelschicht, so schien es mir immer wieder, eine Weigerung oder zumindest Trägheit, sich von der Selbstfindungs- und Ausprobierphase an irgendeinem Punkt zu verabschieden, im klassischen Sinne erwachsen zu werden und Verantwortung zu übernehmen. Auch jene, die das Gemeinwohl zwar »irgendwie« wichtig fanden, hatten »keine Zeit mehr«, sie »würden ja gern«, aber unter der Woche hielt die Arbeit sie ab und am Wochenende die Party oder die Erholung auf der Datsche.

Was leicht als unpolitische Haltung missverstanden werden konnte, war in Wahrheit Interessenfokussierung in eigener Sache. Böse gesagt: Anstrengung unterließ man tunlichst, wenn sie bloß gesamtgesellschaftlichen Nutzen brachte, dagegen war man hoch motiviert, sofern es der eigenen Ressourcensicherung zugutekam. Die eigene Karriere, die eigenen Kinder, die eigene Wohnung, Achtsamkeit und Freizeitgestaltung wurden ja durchaus wichtig genommen, sehr sogar. Auch eine neue Prioritätensetzung zwischen Auszeit und beruflichem Einsatz scheint mir für meine Generation symptomatisch. In meinem Umfeld kämpften Bekannte eher für eine Viertagewoche als für eine Beförderung, und dass Annalena Baerbock Jahre später als Kanzlerkandidatin erklärte, sie werde auch mal nicht im Amt, sondern bei ihren Kindern sein, passte zur Einstellung meiner Generation, zeigte aber auch die Grenzen der Vereinbarkeit. Baerbocks Satz, so wichtig und richtig er für die meisten Jobs wäre, gerade für jene im prekären Sektor, passte für das Kanzleramt eben doch nicht ganz. Einer meiner männlichen Gesprächspartner sprach es offen aus: Ein Spitzenjob in der Politik sei eigentlich nicht mit einer Elternrolle vereinbar. Für Männer in Deutschland ist es aber nach wie vor deutlich leichter, diesen Spagat zu leben, während Frauen schnell als Rabenmütter abgestempelt werden – ein Vorwurf, der mehr über das rückwärtsgewandte Rollenverständnis hierzulande sagt als über Frauen mit Kindern.

Wie weit Vereinbarkeit wirklich funktionierte und wann sie zu einer Überforderung wurde, über die man öffentlich nicht sprechen sollte, musste unsere Generation stärker aushandeln, als wir es wohl erwartet hatten. Eigentlich waren doch die Kämpfe um Gleichberechtigung von den Älteren schon zu guten Teilen ausgefochten worden. Da aber Kindererziehung gerade in gehobenen Milieus zum 24-Stunden-Leistungssport anwuchs, wurde die Idee eines Nebeneinanders von Beruf und Kindern zunehmend absurd. Die Antwort war leider oft ein Rollback. Um mich her fielen auch Bekannte, die Gleichberechtigung gepredigt hatten, nach der Geburt eines Kindes in alte Rollenmuster zurück. Frauen verschwanden ins Häusliche, um dort den eigenen und den gesellschaftlichen Anforderungen an eine überoptimierte Kindererziehung nachzukommen. Diese Tendenz würde sich in den kommenden Jahren zu einer umfassenden Realität etablieren. Absolut nichts ist gegen Stillen in der Öffentlichkeit einzuwenden; dass daraus aber bis Ende der Zehner-Jahre ein feministischer Kampf gebaut werden würde, geschah wohl auch, um sich selbst über die reaktionäre Rollenverteilung hinwegzutäuschen und das eigene Selbstbild aufrechtzuerhalten.

Hier galt erneut, dass man sich auf die eigenen Belange fokussierte und immer seltener das Gesamtgesellschaftliche im Mittelpunkt stand. Zugleich aber wurde eine hohe Anspruchshaltung an die Gesellschaft gestellt, die die Risiken der eigenen, individuellen Lebensentscheidung abfedern sollte.* Hatten unsere Eltern sich noch zwischen Selbstverwirklichung und ökonomischer Sicherheit entschieden, meist zugunsten der Sicherheit, sollte nun beides gleichzeitig möglich sein. Bereiche, die man früher dem Privatleben zugerechnet hatte, deklarierten wir zum Dienst an der Gemeinschaft um. So wurde aus Kindererziehung »Care-Arbeit« und aus künstlerischer Selbstverwirklichung ein »gesellschaftlicher Auftrag«, wobei man gern übersah, dass die geforderten staatlichen Unterstützungsleistungen überproportional den gehobenen Milieus zugutekämen.

Natürlich traf es nicht auf alle zu, doch die Selbstgenügsamkeit, mit der man sich nur für Belange rund um den eigenen Vorgarten oder Kiez interessierte und die eigene Wohnungssuche zu etwas Hochpolitischem stilisierte, irritierte mich. Ich bemerkte sie aber auch bei mir selbst. War

---

* »Vor dem Hintergrund einer Rundum-Versorgung durch überfürsorgliche Eltern und einen vergleichsweise effizienten Sozialapparat scheint für viele der ›Realitätsschock‹ noch bevorzustehen«, attestiert etwa das Zukunftsinstitut den zwischen 1980 und der Jahrtausendwende Geborenen.[18]

ich 2002 während des Elbhochwassers noch nach Magde-
burg gefahren, um Sandsäcke zu schleppen, hatte ich seit
meinem Umzug nach Berlin für so etwas keine Zeit mehr.
Ich saß stattdessen auf Literaturkonferenzen, Lesungen oder
in der Volksbühnenkantine, und im folgenden Jahr musste
ich auch noch das deutsche WM-Sommermärchen mitfei-
ern.

Skeptisch beäugten ein Freund und ich in seiner Nachbarschaft, einem sozialschwachen Kiez in Berlin-Wedding,
wie ein Balkon nach dem anderen mit Deutschlandfarben
beflaggt wurde. Wir witterten Nationalismus und fühlten
uns selbst mit unserer schwarz-rot-goldenen Blümchenkette
über derlei erhaben, pflegten wir doch eine ironische Distanz zu diesen Symbolen. Nach den Spielen saßen dann
allerdings auch wir angeheitert auf der Böschung des Mau-
erparks und jubelten den Passanten *Schland* zu. Wir waren
tatsächlich euphorisch, und die Euphorie kam von einer
Seite, von der wir sie nie vermutet hätten, aus der verstaub-
ten Ecke nationaler Gefühle. Ein neues Deutschlandbild
beherrschte diesen Sommer, zum ersten Mal schien das
Land ein positiver Bezugspunkt zu sein: friedlich, fröhlich,
gastfreundschaftlich. Lag da der Gedanke nicht nahe, dass
dies auch unser Verdienst war, das Verdienst der jungen
Generation?

Auf das fröhliche Sommermärchen folgte schon bald die
Krise. Ich kam von einem Auslandssemester in Rom zurück,
wo ich an Silvio Berlusconi einen Vorläufer des Trumpismus
hatte studieren können, und in New York ging Lehman Bro-
thers pleite. Vielleicht ging die Bank auch eher in Washington pleite, wo die Regierung entschieden hatte, sie sei nicht
too big to fail, und daher nichts zu ihrer Rettung unternahm.

Die USA bekamen nach 9/11 ein weiteres Mal ihre eigene Verwundbarkeit zu spüren. So komplex die Ursachen für die Weltfinanzkrise waren, so wenig sich US-amerikanische Eigenheiten der Regulierung und Deregulierung, solitäre Fehler und fehlerhafte Systeme einfach auf europäische Zustände übertragen lassen, sosehr strahlte es doch auf das Lebensgefühl meiner Generation ab. Der Glaube, das Risiko der eigenen Lebensentscheidungen ließe sich einfach auslagern oder vergesellschaften, ohnehin würde alles immer noch einmal gutgehen, hatte einen schmerzhaften Dämpfer bekommen. Dieser Glaube hatte nicht bloß über der Wall Street gehangen, sondern ebenso über den Straßen von Berlin-Mitte, wenn auch fraglos mit anderen Folgen.

Die EU hatte bald ebenfalls ein Problem. Trat sie damit nicht überhaupt zum ersten Mal deutlich in unser Bewusstsein? Wirtschaftskrise, Schuldenkrise, Staatskrise, Troika, das waren plötzlich Schlüsselbegriffe, die den ganzen Kontinent betrafen. Neben der ökonomischen wurde auch eine ideelle Krise sichtbar. Die Menschen der einzelnen EU-Mitgliedsstaaten wirkten nicht wie Spieler eines Teams, sondern eher wie die Cheerleader und mitunter sogar Hooligans gegeneinander kämpfender Mannschaften. Alte Klischees und Stereotype wurden wieder hervorgeholt, um die innere Wut auf die sich verschärfende Lebenswirklichkeit nach außen zu projizieren. Deutsche Steuerzahler, französische Rentner, griechische Taxifahrer, spanische Arbeitslose und polnische Angestellte standen in der Krise nicht zusammen, sondern mit ihren Interessen einander gegenüber. Die Lösungen, zu denen die Menschen in der Regel bereit waren, reichten zu oft nur bis zur Grenze ihres jeweiligen Nationalstaats und Sozialsystems. Man wollte Europa, aber man wollte es so, dass es den Bedürfnissen des Landes, in dem man lebte, entsprach. Es gab eine deutsche Vision für Europa, eine italienische, eine polnische, eine griechische. Was es nicht gab, war eine europäische Vision für Europa. Die EU lag in ihrer ganzen Zerrissenheit vor uns. Manchen schien sie gar selbst das Problem zu sein.

Ich erinnere mich aus dieser Zeit nicht an flammende Plädoyers oder kühne politische Ideen von Menschen meiner Generation. Welche Kulturschaffenden sprangen in den Ring, um für die Zukunft der Europäischen Union zu kämpfen? Die Verbindung von Literatur beziehungsweise Kunst und Politik, insbesondere der so schmutzigen wie banalen Tagespolitik, galt vielen als überholt und peinlich. Sollte doch Günter Grass noch ein Gedicht schreiben! Man beschäftigte sich lieber mit sich selbst und deklarierte im Zweifelsfall genau das als politisch.

Was blieb an Parteinahme für die EU? Sie war ein Friedensprojekt, natürlich. Offene Grenzen, klar. Doch all das blieb blutleer, trotz aller hehren Worte. Auf der einen Seite wünschte man ein Zusammenwachsen, auf der anderen Seite sollten aber doch bitte schön die eigenen nationalen Standards und Werte bestehen bleiben. Was überhaupt war die EU für die Bürgerinnen und Bürger? Eine Hoffnung? Ein Projekt? Eine Zukunft? Oder eher ein Kürzel, zwei Verwaltungssitze, einige Annehmlichkeiten, ein paar Unannehmlichkeiten, etwas behördlich Abstraktes, das netten Kulturaustausch wie das Erasmus-Programm förderte und Gurken standardisierte? Jenseits davon blieb sie den meisten Menschen so fern von ihrem Leben, dass sie zur Straßenverkehrsordnung eine emotionalere Beziehung pflegten als zur EU-Charta. Easyjet schien mehr zur europäischen Einigung beizusteuern als alle Reden der Kommissionspräsidenten.

»Ist Europa also nur eine Fiktion?«, fragte der polnische Dichter Adam Zagajewski 2011 in einem Essay. »Wenn ja«, antwortete er sich selbst, »dann eine verlockende. Nicht so real wie Gott, der Tod, das Schöne, wie Italien und Rom, das Christentum, Gut und Böse, Liebe und Sehnsucht, aber realer als der Sozialismus, als Vollbeschäftigung, klassenlose Gesellschaft und internationale Solidarität, realer auch als visionäre Politiker oder altruistische Künstler.«[19]

Zagajewski, wenige Wochen nach dem Ende des Zweiten Weltkriegs geboren, blickte fraglos mit einer anderen Lebenserfahrung auf Europa als meine Generation. »Manchmal«, schrieb er, »hat es den Anschein, als wären die Europäer eine Literatengemeinschaft: Sie lieben das Wort, aber wie steht es mit der Tat?«

Ob das Versagen in Srebrenica oder das blinde Lob des Kommunismus durch westliche Intellektuelle während der Hochphase des Stalinismus – es gab einiges, was Europa auch nach dem Zweiten Weltkrieg noch an Düsterem hervorgebracht hatte. Und doch scheint mir in Zagajewskis Worten ein Versprechen zu liegen, das uns zwischen allen Vabanquespielen gemacht wurde und das einzulösen Aufgabe meiner Generation sein könnte. Nüchterner, vielleicht auch ernüchtert am Beginn des zweiten Jahrtausends, fragen wir dann weniger nach dem Idealen, sondern nach dem, was trotz allem möglich ist. Das mag manchem zu verzagt wirken. Verzagter ist es, die Utopie auf ihrer Wolke zu lassen. Und wir hatten immerhin gelernt, ohne Utopien zurechtzukommen.

Der Brexit und unsere Folgen

»Benni, es regnet, die Leute gehen nicht hin.«

Als Benjamin Zeeb die Nachricht las, zerbrach eine Gewissheit. Ein Freund, der in London an der Eliteuni LSE unterrichtete, hatte sie ihm am Tag des Brexit-Referendums geschickt. Bis dahin hatten beide keinen Zweifel gehabt, dass es noch einmal gutgehen würde mit dem britischen Verbleib in der EU, schließlich war es ja immer gutgegangen, solange sie denken konnten. Sie dachten in diesen Tagen genauso wie ich. Und wir dachten wie die meisten im linksliberalen Milieu.

Was wir nicht bedachten, war, dass nasse Füße sich realer anfühlten als die Mitgliedschaft in einer Union, die weit entfernt in einem Brüsseler Büroviertel ihre Sitzungen abhielt. Ich konnte in den folgenden Tagen noch so viele Leitartikel darüber lesen, dass der Waliser Landwirt, die vierköpfige Familie im strukturschwachen Nordengland oder die junge Belfaster Schulabgängerin ja eigentlich aus ihren eigenen ökonomischen Interessen heraus für Remain hätten stimmen *müssen* – sie hatten es nur eben größtenteils nicht getan. Manchmal redet man lieber vom Wetter als von Wichtigem. Und manchmal redet man von Wichtigem, wenn man nur vom Wetter spricht. Auch wenn politische Prozesse mit Zahlen zu tun haben, sind sie doch nicht immer so logisch und eindeutig wie Rechenaufgaben, und nicht alles läuft, wie mein Umfeld und ich es für das Beste halten.

Zwei Sachen seien für die Brexit-Gegner schiefgelaufen, meinte Zeeb: »Die Remain-Kampagne hatte keine gute Erzählung. Es reicht nicht, zu warnen, dass die Wirtschaft um 4,3 Prozent einbricht, wenn Großbritannien die EU verlässt. Man muss diesem Sorgennarrativ viel bessere Geschichten entgegensetzen. Darüber haben sie nicht mal nachgedacht. Zudem war die Mobilisierung der Leute, die für den Brexit gestimmt haben, besser organisiert. Sie haben Wählerpotenzial angezapft, das früher niemand im Blick gehabt hat. Und man muss sagen: Zumindest das war alles andere als undemokratisch.«

Immer wieder hörte ich in jenen Wochen davon, wir bräuchten ein »Narrativ« für die EU, ohne dass je genau gesagt wurde, was dieses Narrativ eigentlich erzählen und wie es eine politische und administrative Union retten sollte. Funktionierte das Ganze wirklich wie bei einer Plot-Werkstatt oder einem Storytelling-Programm im Schreibseminar? Fehlte der Union einfach nur ein Heldenmythos?

Der italienische Marxist Antonio Gramsci beschrieb Anfang der 1930er-Jahre in seinen Gefängnisheften einen tiefgreifenden gesellschaftlichen Übergangsprozess: »Wenn die herrschende Klasse den Konsens verloren hat, das heißt nicht mehr ›führend‹, sondern einzig ›herrschend‹ ist, Inhaberin der reinen Zwangsgewalt, bedeutet das gerade, daß die großen Massen sich von den traditionellen Ideologien entfernt haben, nicht mehr an das glauben, woran sie zuvor glaubten, usw. Die Krise besteht gerade in der Tatsache, daß das Alte stirbt und das Neue nicht zur Welt kommen kann: in diesem Interregnum kommt es zu den unterschiedlichsten Krankheitserscheinungen.«[20]

Übertragen auf unsere Zeit bedeutete das: Die staatlichen Institutionen standen noch, aber sie büßten an Autorität ein, und mochte die Ausführung demokratischer Macht auch durchaus noch funktionieren, so blieb ihre Legitimation nicht mehr unwidersprochen. Etwas passte nicht mehr, die Form nicht mehr zum Inhalt oder die Antwort nicht mehr zur Frage. Die Lösung konnte laut Gramsci nicht darin bestehen, die »neuen Ideologien« zu unterdrücken. Vielmehr sei es nötig, die Reduktion auf rein ökonomische und politische Aspekte zu überwinden und eine neue Kultur herauszubilden. Diese werde aber nicht allein in den Parteien entstehen, sondern wesentlich von der Zivilgesellschaft mitgeformt.

Genau das mochte – wenngleich weniger marxistisch gesprochen – hinter dem Wunsch einer neuen Erzählung für die EU gestanden haben. Die Perspektive, eine zunächst aus dem Ökonomischen und Politischen entstandene Union um kulturelle Aspekte wachsen zu lassen, war einleuchtend, sie durfte sich aber nicht darin erschöpfen, dass die politischen Vertreter nach einer Erzählung riefen wie ein Kind nach der Gutenachtgeschichte.

Das Narrativ einer größer werdenden, sich immer weiter integrierenden Union hatte mit dem knappen Entscheid für den Brexit erst einmal einen Cliffhanger bekommen, wenn man das Ganze nicht gleich schon für den Absturz hielt. Das, was zwei Generationen vor uns mit dem Schuman-Plan begonnen hatte und in der Generation unserer Eltern nach Osten hin gewachsen war, schien unsere Generation durch Gleichgültigkeit den Bach runtergehen zu lassen.

Gemeinsam mit einem Freund schrieb ich einen Artikel, in dem wir unserem Ärger über unsere Generation und über uns selbst Luft machten, über die Trägheit, mit der viele vom heimischen Sofa aus die politischen Dinge einfach geschehen ließen. Politisches Engagement war zu einem Klick auf Facebook verkommen. Katzenvideos waren gleichrangig mit einer politischen Meinung, beide bekamen einen Like.

Das Befriedigende an unserer Wut war unsere Gewissheit. Wir wussten, was für die Briten das Beste war. Insbesondere für die jungen Briten, aber auch für die übrige wahlberechtigte Bevölkerung glaubten wir stellvertretend sprechen zu können. War es überhaupt gültig, dass diese Menschen mehrheitlich gegen ihr eigenes Wohl gestimmt hatten, zumindest gegen das Wohl, das wir für sie vorsahen? Wäre es nicht besser, man übergäbe ihre Stimmen an uns?

Tatsächlich gab es nach dem Brexit-Referendum öffentliche Diskussionen darüber, ob die Angelegenheit nicht von allen Wahlberechtigten in der EU hätte mitentschieden werden müssen. Dem Gedanken war zumindest auf den ersten Blick durchaus etwas abzugewinnen, immerhin würde sich der Brexit auf die gesamte EU auswirken. Trotzdem schwang in der Forderung eine unangenehme Anmaßung mit: Das meinungsstarke linksliberale Mittelschichtmilieu vertrug es nicht gut, wenn man ihm widersprach.

Natürlich, über die schrille Kampagne von Nigel Farage, dem Vorsitzenden der EU-skeptischen UKIP, kann ich immer noch den Kopf schütteln, und es fällt mir auch leicht, etwas Lächerliches an Boris Johnson zu finden. Aber lief nach dem Brexit tatsächlich alles so katastrophal, wie es die Verlassenen damals in ihrem gekränkten Stolz insgeheim hofften? Vieles schon: Wirtschaftsunternehmen verlegten ihren Sitz außer Landes, der Bankensektor floh von der Insel, Forschungsprojekte erlebten einen Braindrain, und nicht zuletzt drohte die Grenze zu Irland wieder zur offenen Wunde zu werden. Trotzdem würden mit der Zeit auch Nachrichten durchdringen, die das Bild zumindest ein wenig ambivalenter zeichneten. Während die EU angesichts des aggressiven chinesischen Vorgehens im Hongkong-Konflikt nicht zur Einstimmigkeit fand, bot das Vereinigte Königreich den Menschen dort im Jahr 2020 Visa an. Sicherheitspolitisch positionierte sich Großbritannien zusammen mit den USA und Australien* 2021 in der Aukus-Allianz als sichtbarer Kontrahent zu China – ein Bündnis, das binnen weniger Monate geschmiedet worden war, was für die EU eine illusorische Geschwindigkeit ist. Der britisch-niederländische Mineralölkonzern Shell sollte nicht etwa seine englischen Büros schließen, sondern 2021 verkünden, den Hauptsitz von Den Haag nach London zu verlegen, und nicht zuletzt in der Klimapolitik gehört Großbritannien mit Schweden und Dänemark zu den europäischen Ländern, die nach heutigem Stand[21] die engagiertesten Schritte zur Einhaltung des Pariser Abkommens unternommen haben.

Die unbequeme Frage hinter dem Brexit war aber, ob die EU mit ihrem Versprechen einer demokratischen europäischen Einigung nicht doch zum Teil versagt hatte. Was war die Union noch im Brexit-Frühsommer 2016? In Polen und Ungarn hatten sich nationalistische Regierungen durchgesetzt. Der ungarische Ministerpräsident Viktor Orbán hatte die Wortneuschöpfung einer »illiberalen Demokratie« eingeführt, während er seine autokratische Regierungsstruktur weiter ausbaute. In Polen büßten die Gerichte

---

* Zum Leidwesen Frankreichs, für das ein U-Boot-Deal mit Australien platzte.

zunehmend ihre Unabhängigkeit ein. Die demokratische Bindekraft wirkte erschöpft, und das nicht nur innerhalb dieser beiden Mitgliedsstaaten. Die Bruchkante zwischen Ost und West erschien so scharf wie nie seit der EU-Osterweiterung. Meine Generation, die in einem vereinten, zusammenwachsenden Europa aufgewachsen war, sah nun auf neue Zerüttungen. Anders als früher verlief die Grenze nicht mehr zwischen zwei Großmächten, sondern zwischen den Menschen selbst.

An der Migrationspolitik zeigten sich die Risse der europäischen Gesellschaft besonders deutlich, weil es um fundamentale Fragen ging: um die Frage nach nationaler Souveränität, die sich für Menschen, die einst unter der Sowjetherrschaft gelitten hatten, noch einmal anders ausnahm als für eine Westdeutsche wie mich, und um die Frage nach Solidarität sowohl innerhalb der eigenen Nationalstaatsgrenzen als auch darüber hinaus. Hinzu kam schließlich die Frage der Menschlichkeit: Niemand möchte sich unmenschlich schimpfen lassen, kaum jemand empfindet sich so, ganz egal, wie er oder sie handelt. All jenen Menschlichkeit abzusprechen, die eine skeptische Haltung gegenüber offenen Grenzen haben, führt kaum dazu, diese zu überzeugen oder mit ihnen in einen Dialog zu treten, sondern wertet sie schlicht ab.

Es ist also kein Wunder, dass die Gemüter hochkochten. Im Sommer 2015 vermittelte Angela Merkels historisch gewordener Satz »Wir schaffen das« noch Optimismus. Er war in gewissem Sinne sogar optimistischer als der Glaube an die positive Entwicklung der Geschichte, wie er in den 90er-Jahren vorgeherrscht hatte, denn Merkels Satz betonte die Menschen als Handelnde und traute ihnen zu, auch schwierige Situationen zu bewältigen. Ein optimistisches

Menschenbild hatte ein optimistisches Geschichtsbild ersetzt. War das zu viel des Guten?

Der Satz hatte das Problem eines jeden politischen Wir-Satzes[*]: Nicht alle wollten Teil dieses Wir sein – eines Wir, das sie selbst nicht bestimmt hatten. Auch politisch Gemäßigte mochten sich gefragt haben: Wer ist dieses Wir? Aber gerade überzeugten Nationalisten diente Merkels Wir als Angriffspunkt, um gegen die verhasste Multikulti-Liberalität zu polemisieren und zu agitieren. »Wir wollen das gar nicht schaffen«, verkündete der AfD-Politiker Alexander Gauland,[22] und seine Kollegin Alice Weidel nannte Merkels Satz einen fortgesetzten und bewussten Rechtsbruch,[23] gar ein »Leitmotiv der bis heute nicht korrigierten Herrschaft des Unrechts in der deutschen Migrationspolitik«.[24]

Es war nicht Merkels Migrationspolitik, die die AfD radikalisierte, sondern vielmehr gewannen die bereits radikalisierten Gruppierungen innerhalb der AfD an Oberwasser, indem sie düstere Szenarien eines migrationspolitischen Kontrollverlusts beschworen und für ihren Machtausbau nutzten. Diese Entwicklung lässt sich in Weidels 2019 erschienenem Buch *Widerworte* nachvollziehen, auch wenn das von der Autorin vermutlich nicht bewusst intendiert war. Auf den ersten Seiten wirkt Weidel noch wie eine übers Ziel hinausschießende Liberale, die ein hehres Bild des

---

[*] Dass auch in Büchern das Wir eine der seltsamsten und problematischsten Formen ist, dürfte den meisten bis hierher längst aufgefallen sein. Darum wird es jenseits von Familienchroniken, Generationenporträts und ähnlichen Genres so selten gebraucht. Zu Recht. Wer »wir« sagt, spricht trotzdem erst einmal nur mit einer Stimme und maßt sich an, für andere mitzuurteilen. Dieses Dilemma ist mir bewusst.

Republikanismus und des selbstverantwortlichen Bürgers zeichnet, der nicht vor den Autoritäten buckelt. In diesen Passagen kann man sie für eine Anhängerin der Euro-skeptischen AfD unter dem einstigen Vorsitzenden Bernd Lucke halten, die ihr Hohelied auf die deutsche Wirtschaftskraft singt.

Sobald Weidel aber ihre Empörung darüber formuliert, dass in Deutschland ihrer Meinung nach »›Hassverbrechen‹ gegen Migranten«[25] hart geahndet und Neuankömmlinge mit Samthandschuhen angefasst würden, weht der Wind schon steifer von rechts. Weidel ängstigte sich vor offenen Grenzen und vor politischem Kontrollverlust, bezeichnete den Staat, den wir haben, als einen natürlichen »Widerpart der Freiheit«[26] und die Bundesrepublik unter der Regierung Merkel als »gescheiterten Staat«[27], also ungefähr gleichauf mit »failed states« wie etwa Somalia oder die Demokratische Republik Kongo. Schiefe Vergleiche haben leicht etwas Komisches. Das Lachen bleibt einem aber im Hals stecken, wenn man daran denkt, dass dieser Vergleich bei ihrer Leserschaft womöglich auf zustimmendes Nicken stößt.

Sobald es um »die Deutschen« und ihre Geschichte geht, wird es einem ohnehin kalt beim Lesen. So sieht Weidel in den Deutschen die »gebrannten Kinder des 20. Jahrhunderts«[28], als wären der Zweite Weltkrieg und der Nationalsozialismus wie ein fremdbestimmtes Schicksal auf das Gebiet des Deutschen Reichs niedergefallen. Das Totalitäre schiebt Weidel in die Alleinverantwortung linker Politik; selbst die Verbrechen des Nationalsozialismus rückt sie von der Rechten weg, indem sie das »Sozialistische« im Nationalen betont. Zwar hat schon 1944 Friedrich von Hayek Faschismus und Nationalsozialismus von der sozialistischen Seite her analysiert, allerdings enttarnt sich Weidels überspannte Hayek-Adaption spätestens dann, wenn sie schreibt: »Es ist eine unausrottbare linke Leidenschaft, Andersdenkende aus dem Diskurs und aus der Gesellschaft auszugrenzen – oder, wie zahlreiche linke Diktaturen lehren, im Extremfall sogar physisch zu eliminieren.«[29] Man möchte sie doch fragen, ob sie auch den NSU oder den Mörder von Walter Lübcke, die Attentäter von Halle und Hanau oder den Mörder von Idar-Oberstein für links indoktriniert hält, jene Täter also, die in der jüngsten deutschen Vergangenheit verantwortlich waren, Menschen »physisch zu eliminieren«.

Die Vertauschung von Täter- und Opferrollen und die Inbesitznahme des NS-Widerstands für eigene Agitprop ist bei der radikalen und extremen Rechten wie bei Verschwörungstheoretikern nicht neu. Die weiße Rose am Revers von Björn Höcke während des Schweigemarschs durch Chemnitz oder Jana aus Kassel, die sich mit Sophie Scholl verwechselte – wäre es nicht so bitter, wäre es bitterkomisch.

Ich glaube, dass man populistische Nationalisten unterschätzt, wenn man ihre Wählerschaft als eine ausschließlich von Angst und Sorgen orchestrierte Gruppe versteht. Angst und Sorgen sind für Populisten ein Mittel unter vielen, um Menschen für ihr Projekt zu gewinnen. Sie setzen im Kern auf den Vorrang einer Gruppe, die sich als Sippe, Stamm, ethnisch oder kulturell homogene Nation zeigen kann und der Privilegien und Ressourcen ohne Rücksicht auf andere uneingeschränkt zur Verfügung stehen sollen. Ebendieses Angebot ist es, das Menschen verlockt. In der extremen Ausformung dieses Superioritätsgedankens bezieht sich das Wort »Mensch« ausschließlich auf die eigene Gruppe, während anderen das Menschsein graduell abgesprochen wird, wie es etwa im Rassismus, im Antisemitismus oder im Sexismus[*] praktiziert wird. In dieser Logik ist es auch nicht widersprüchlich, dass ein Mann Nazi-Verbrecher und liebevoller Vater sein konnte, sondern sogar folgerichtig, vernichtete er doch die »Untermenschen«, um für seine Kinder und ihre Nachkommen mehr Ressourcen und »Lebensraum« zu sichern.

Angst, heißt es gemeinhin, sei ein schlechter Ratgeber, und Politik, die mit Ängsten spiele, sei gefährlich. Ich glaube aber, dass Politik, die Angst ausklammert, auf eine andere Art problematisch ist. Sie blickt nur auf die Fassaden der scheinbar friedlichen Quartiere und übersieht all jene Nachbarschaften und Innenräume, in denen sich Gewalt längst als das attraktivere Argument etabliert hat. Sorgen sind nicht per se absurd, und Angst ist nicht immer ein schlechter Ratgeber; sie kann auch eine Warnung vor dem sein, zu was Menschen fähig sind, vor dem Verführungspotenzial von Gewalt und Ausschluss. Wären wir ohne unsere Ängste der Realität überhaupt gewachsen? Dass ein politischer Kurs heute oft mit Verweis auf Ängste und Sorgen der Zivilgesellschaft gerechtfertigt wird, ist beileibe keine Besonderheit rechter Extremisten, sondern ein verbreitetes Phänomen unserer Zeit und bei Klimaaktivisten ebenso wie bei Nationalrevolutionären zu finden. Entscheidend scheint mir daher eher, wie politisch schlüssig die unterstellten Ursachen und die vorgeschlagenen Lösungswege jeweils sind.

Alice Weidel beherrscht es, schlüssig erscheinen lassen,

---

[*] Für Frauen gilt im Gegensatz zu anderen als minderwertig erachteten Gruppen allerdings, dass selbst die misogynste Herrschaft nicht ihre Vernichtung, sondern lediglich ihre Diskriminierung wollen kann, sofern sie am eigenen Fortbestehen, also an Fortpflanzung interessiert ist.

was eigentlich alles andere als schlüssig ist. Besonders augenfällig wird dies am Widerspruch zwischen den rassistischen Überzeugungen und konservativen Familienbildern ihrer Partei und ihrer eigenen homosexuellen Partnerschaft mit einer aus Sri Lanka stammenden Schweizerin. Dieses Dilemma löste Weidel, indem sie zwischen guten und schlechten Migranten unterschied und sich selbst als Opfer frauenfeindlicher und homophober muslimischer Migranten inszenierte. Dadurch gelang es ihr nicht nur, sich trotz dieses Widerspruchs ihrem Parteiumfeld anzupassen, sie nutzte ihre Geschichte sogar für islamophobe Stimmungsmache, was, politisch wertfrei gesprochen, eine beachtliche Leistung war.

Ist Alice Weidel so gesehen eine typische Vertreterin ihrer Generation auf rechtsnationalistischer Seite? Einiges spricht dafür: Zielstrebig, perfektionistisch und angepasst nimmt sie den Kampf um die Macht in einer Männerdomäne auf. Vielleicht ließe sich sogar hinzufügen, dass Weidel eher bewahren als umstürzen will und sich darin ebenso von den Jüngeren der Identitären Bewegung wie vom etwas älteren Björn Höcke unterscheidet, der mit der Revolutionstheorie des schon erwähnten Marxisten Antonio Gramsci* kokettiert. Auch wenn Weidels vorgebliches Bewahren aus liberaler Perspektive eher ein reaktionäres Umbauen ist und ihre Zukunftsideen für Deutschland und Europa so unchristlich wie wirtschaftlich und globalpolitisch fatal sind, würde ich ihr abnehmen, dass sie den Weg weder in einer

---

* Auch Weidel bezieht sich in ihrem Buch auf Gramsci, allerdings sieht sie dessen Hegemonietheorie eher als linke Bedrohung denn als Chance für rechts.

Revolution noch in einem »Weiter so« sieht, sondern in tiefgreifenden Reformen. Zumindest bis jetzt – weitere Radikalisierung vorbehalten.[*]

Diese Einstellung verbindet Weidel mit ihren Generationsgenossen, mag ihr Ziel noch so unterschiedlich sein. Und wie viele in unserem Alter hatte auch Weidel sich in den Nullerjahren nicht politisch aktiv gezeigt. Erst nach einer reinen Karrierelaufbahn mischte sie sich mit Mitte dreißig in die Politik ein, motiviert dadurch, dass die Gesellschaft sich anders entwickelt hatte, als Weidel es erhoffte und wohl insgeheim auch erwartete.

Die Diskrepanz zwischen Erwartung und Realität scheint mir in unserer Generation besonders ausgeprägt, nicht nur am rechten Rand, und es hat vermutlich auch mit der Generation vor uns zu tun. Anders als die Babyboomer waren wir nicht in ein sicheres Versorgungsnetz hineingeboren worden, durch das wir von der Wiege bis zur Bahre abgesichert waren, aber wir waren noch von Eltern erzogen worden, die das insgeheim voraussetzten. Wir ahnten, dass die Rente für uns nicht mehr reichen würde, dass unbefristete Festanstellungen antiquiert waren, dass wir uns dafür aber nicht mit Mitte zwanzig für immer auf eine bestimmte Laufbahn festlegen mussten, dass wir leichter Grenzen überqueren und unser Leben so einrichten konnten, wie wir wollten. Wir waren freier. Aber Freiheit bedeutet eben auch, dass man frei fallen kann.

---

[*]   Würde sie einen rechten Umsturz mittragen? Ich kann nur spekulieren – wenn, dann sähe ich ihre Motivation eher in Opportunismus als in revolutionärer Überzeugung.

Wir fielen ein weiteres Mal im November.

Ich erinnere mich, wie ich am Morgen des 9. November 2016 appetitlos mit einem Freund beim Frühstück saß. Uns war beiden mehr nach Schnaps als nach Kaffee zumute, und wir wiederholten immer wieder, dass das doch alles nicht sein könne, so, als könnten wir dadurch wie mit einem Zauberspruch irgendetwas ungeschehen machen. Unser altes Mantra, dass doch alles am Ende gutgehen würde, hatte sich endgültig als falsch und naiv erwiesen. Wir hatten nicht einmal mehr Energie für zynische Witze, sondern versanken in die erste vollständig politisch begründete Depression. Im Vergleich dazu hatte der Brexit wie eine erfrischende Prise britischen Humors gewirkt.

Die Wahl Donald Trumps zum US-Präsidenten war eine weitere Erosion unserer alten Gewissheiten, ja eine Eruption, so schien es, die die gesamte westliche Welt wackeln ließ. Hielt dieses Bezugssystem der liberalen demokratischen Ordnung überhaupt noch, hielt es vor allem, was es versprach? Wir mochten es kritisiert, für manche Auswüchse sogar verteufelt haben, an diesem Tag aber merkten wir, dass es tatsächlich etwas gab, wofür es sich zu kämpfen lohnte – oder vielmehr gelohnt hätte, wären wir nicht so bequem und selbstgefällig, so träge und kurzsichtig gewesen. Jetzt schien alles vorbei und verloren. Die Zukunft war ab diesem Tag kein Versprechen mehr, auch keine Herausforderung, sondern eine Drohung, und die Welt war endgültig nicht mehr die, auf die wir uns vorbereitet hatten.

Daniel Kehlmann beschreibt in einem Essay für die *Zeit,* wie gewiss sich die Menschen in der New Yorker Akademiker-Blase gewesen waren, dass Trump nach der Präsidentschaftswahl 2016 Geschichte sein würde. Tatsächlich aber war Trump danach nicht Geschichte, sondern er schrieb sie.

Die Wahlnacht verbrachte Kehlmann in seiner New Yorker Wohnung vor dem Fernseher. »[W]ir hatten vor, Hillary Clintons Siegesfeier zu besuchen, aber wir wollten doch lieber erst hingehen, wenn es die ersten guten Nachrichten geben würde. Um acht gab es noch keine.« Eine Erfolgsmeldung für Trump folgte auf die nächste. Eine mit Kehlmann befreundete Psychologin kommentierte: »Ich hätte nicht gedacht, dass es so etwas wirklich geben könnte. Eine Wahl zwischen Gut und Böse.« Kehlmann selbst kam zu dem Schluss, »dass die Republikaner heute eine national-anarchistische Partei mit wirr religiöser Schlagseite sind, dem Prozess der Staatlichkeit selbst feindlich gesinnt«.[30]

So politisch hatte ich Kehlmann bis dahin nicht gekannt. »Für mich war das Modell Günter Grass immer eine Warnung«, erklärte er mir, als ich ihn später darauf ansprach. »Irgendwas passiert irgendwo, und schon gibt Grass eine Presseerklärung raus. Damit sind wir aufgewachsen, mit dem Schriftsteller als Meinungsmaschine. Früher habe ich gemeint, dass man sich zurückhalten sollte, damit es noch Gewicht hat, was man sagt, wenn zum Beispiel die Demokratie bedroht ist. Und dann kam der Moment, an dem ich das Gefühl hatte: Die Demokratie ist wirklich bedroht.«

Einen solchen Vorbehalt gegenüber Schriftstellern wie Günter Grass oder auch Heinrich Böll teilen viele meiner Bekannten aus dem Kulturbereich. Der engagierte Intellektuelle, dem auf einer SPD-Wahlkampfbühne Pfeifenrauch im Schnurbart hing, wirkte auf meine Generation mindestens angestaubt, wenn nicht peinlich. Der Skandal um Grass' SS-Vergangenheit und die damit offenliegende Hybris seiner moralischen Dauerpredigten beförderte dieses Welterklärer-Modell endgültig ins Aus. Die Abgrenzung von Grass diente aber eben auch als Vorwand, sich nicht eingehender mit Politik zu beschäftigen. Statt dessen die eigenen Interessen als politisch zu deklarieren ist noch kein Blick über den Tellerrand, und der Schriftzug FCKAFD auf dem T-Shirt bedeutet noch keine politische Haltung, sondern Empörung im niedrigschwelligen Analysebereich.

Als im Sommer 2021 die internationalen Streitkräfte aus Afghanistan abzogen und ein ganzes Land sehenden Auges fallen gelassen wurde, musste ich an einen Appell von Grass denken, den einige Kollegen und ich 2014 bei einem Treffen in Lübeck mitunterzeichnet hatten, als der Abzug der Bundeswehrtruppen zum ersten Mal anzustehen schien. Nach dem Abzug, so warnte Grass damals, blieben die Afghanen sich selbst überlassen. »So auch die bediensteten Hilfswilligen, von denen bislang nur wenigen die Einreise in die Bundesrepublik Deutschland erlaubt wurde. Alle anderen werden der gottgewollten Rache der Taliban ausgesetzt sein, sie sind es jetzt schon, gleichfalls ihre Familien; keine Rettung, der Tod ist ihnen gewiss.«[31]

Genau dieses Szenario war im August 2021 eingetreten. Die Worte von Grass waren auf einmal kein schwarzmalerisches Geraune mehr, sondern eine präzise Beschreibung der Lage jener Menschen, die der Bundeswehr geholfen hatten und nun in einer akuten Bedrohungslage festsaßen. Grass mochte in manchem anstrengend gewesen sein, aber er hatte auch immer wieder frühzeitig gefährliche Entwicklungen erkannt. Meine Generation hingegen scheint eher darauf abonniert, Katastrophen erst zu erkennen, nachdem sie eingetreten sind und ein Eingreifen eigentlich zu spät ist. Auf Twitter pustet man sich dann die eigene Pseudobetroffenheit zu, den kalten Rauch unserer Zeit.

Orte der Ohnmacht

In den Nachrichten wurden Todeszahlen durchgegeben. Zu jeder vollen und halben Stunde hörte ich sie, täglich neu beziffert. Lieferketten brachen zusammen, die Regeln der näheren Zukunft waren nicht mehr vorhersagbar. Es war wie in einem Blockbuster: Ein auf den Menschen übergesprungenes gefährliches Virus hatte sich in Windeseile über den gesamten Globus ausgebreitet und zwang die Politik zu schnellen, radikalen Entscheidungen.

Leider verliert sich der Unterhaltungswert von Blockbustern, wenn er zur eigenen Lebensrealität wird. Meine Wohnungstür durfte ich nur noch öffnen, um Müll runterzubringen oder im Supermarkt Lebensmittel zu kaufen. Ich sollte niemanden hereinlassen. Ich sollte zu niemandem gehen, so empfahl es die Politik, und die Menschen in meinem Umfeld hielten sich strikt an diese Weisung, übertrafen sie zum Teil sogar. Nicht einmal, als ich einen Freund eines Abends um Trost bat, wollte er mir nahekommen. Die Politik, aber ebenso mein soziales Umfeld hatten entschieden, dass wir einander zu Aussätzigen wurden, und ich hatte Angst vor der Isolation. Nur Verwandtschaft ersten Grades zählte zu Beginn des ersten Lockdowns, und leider hatte ich das Pech, dass meine Familie über Bundesländer und Staaten verstreut lebt, in diesen Tagen unüberbrückbar weit von mir entfernt. Zum ersten Mal empfand ich ein Gefühl, das andere schon früher und unter anderen Umständen kennengelernt hatten: Menschen wie ich spielten keine Rolle und wurden als vernachlässigbare Größe weggeschoben.

Diese neue, stillgelegte Zeit wirkte wie ein Vergrößerungsglas; deutlicher als in all den Jahren zuvor war zu sehen, woraus unsere Gesellschaft beschaffen ist – und woraus eben nicht. Trotz aller behaupteten Weltläufigkeit und beschworenen Solidarität flohen viele auf ihre eigene kleine Scholle. Die Gesellschaft fiel gleichsam auseinander, und vermutlich haben viele Menschen in diesen Monaten wie ich das Gefühl gehabt, keinen Platz in ihr zu haben, an dem einen oder anderen Punkt durch das bis dahin leidlich sichere soziale Netz zu fallen, mit zu viel oder zu wenig Staat konfrontiert zu sein. Nicht gesehen, nicht gewollt, nicht beschützt zu werden. Wir merkten, wie brüchig gesellschaftlicher Zusammenhalt wurde, als wir mit einer Krise fertigwerden mussten, die auf so vielen Ebenen über unsere Kräfte ging. Wir spürten, dass Angst nicht nur eine Chiffre aus dem Zauberkasten populistischer Menschenfängerei ist, sondern ein sehr lebendiges Gefühl sein kann, das wir alle in uns tragen. Und vielleicht wurde dem einen oder der anderen bewusst, dass diese Krise nicht nur eine vorübergehende ist, sondern ein Symptom des anhaltenden Krisenzustands unserer Zeit – einer Zeit, in der die Auswirkungen dieser Krisen auch wieder in Europa ankamen. Unsere Gesellschaft hatte jedoch vergessen, dass solches sie selbst treffen kann, und keinen Plan davon, wie man damit umging.

Die Freundlichkeit, mit der noch zu Beginn der Pandemie Menschen füreinander zum Supermarkt gegangen waren, wich bald einer Verhärtung, einem Misstrauen dem anderen gegenüber, einem Kampf aller gegen alle, und der

Streit darüber, ob ein Spielplatz gesperrt werden sollte oder nicht, konnte sich bis zu der Frage steigern, was eigentlich die Würde des Menschen ausmache und was der Wert eines Menschenlebens sei. Darin zeigte sich auch, dass wir über diese Fragen bis dahin zu wenig nachgedacht, zu wenig gesprochen hatten.

»In einer hyperoptimierten Gesellschaft bleibt Krankheit erzwungenermaßen der blinde Fleck«, so analysiert es Hana Gründler im Gespräch. »Weil sie unser Selbstbild angreift und das Bild unserer Gesellschaft. Corona bedeutet auch deshalb eine so tiefe Krise, weil es die Unverletzlichkeit der westlichen Welt infrage stellt. Den Tod haben wir bis dahin gerne delegiert.«

In den Nachrichten spielte kaum noch eine Rolle, was jenseits der deutschen Grenzen passierte. Das Interesse richtete sich stattdessen aufs Homeschooling in Ostwestfalen oder auf den Lockdown in Thüringen. Die Grenzen im Kopf wurden so hoch gezogen wie die der Nationalstaaten. Dadurch veränderte das Virus für einige Zeit auch den Radius unseres Denkens. »Es hatte etwas Lähmendes«, so empfand es Daniel Kehlmann. »Die Leute redeten nur noch über deutsche Themen, ohne es mit irgendetwas in Verbindung zu setzen. Zeitungen zogen ihre Korrespondenten ab. Der selbstverständliche Kontakt in andere Länder war einfach abgeknickt.«

Und dann durchbrachen doch zwei Ereignisse die nationalen Grenzen und drangen über den Atlantik bis zu uns. Das erste waren die Schlangen vor den Wahlbüros in den USA Anfang November 2020, die verzögerte Auszählung der zahlreichen Briefwahlstimmen, die Bundesstaaten, die auf den Bildschirmgrafiken in hellem Rot oder Blau grundiert waren, um den hauchfeinen Vorsprung des einen oder des anderen Präsidentschaftskandidaten anzudeuten. Es war der Moment, in dem Georgia an die Demokraten fiel und sich die bleierne Decke hob, die vier Jahre über uns gehangen hatte. Ich tanzte durch meine Wohnung, amüsierte mich am nächsten Tag über die Bilder der blamablen Pressekonferenz von Trumps Anwalt Rudy Giuliani, dessen Team versehentlich statt eines Luxushotels den Firmenparkplatz der Gartenbaufirma »Four Seasons« gebucht hatte. Wie beim beruhigenden Happy End einer Hollywoodkomödie erhielten die Bösewichte in einem plakativen Schlussbild ihre verdiente Strafe.

Die Plots der Realität sind aber meist widerspenstiger. Das zweite Ereignis folgte sechs Wochen später und warf uns in eine andere Zeit zurück. Schon im Vorfeld soll General Mark Milley, Vorsitzender des US-Generalstabs, vor einem »Reichstagsmoment« gewarnt und Maßnahmen gegen einen möglichen Putschversuch Donald Trumps ergriffen haben.[32] Die Bilder vom 6. Januar 2021 markierten dann tatsächlich den bisherigen Höhepunkt der antidemokratischen Gewalt in der westlichen Welt. Nachdem der unterlegene, aber noch amtierende Präsident Trump die Wahl wiederholt als »gestohlen« bezeichnet hatte, stürmten an jenem Tag Hunderte seiner Anhänger das Kapitol.

Die Bilder waren so bizarr wie apokalyptisch. Eine Horde Bärtiger randalierte zwischen den Ölgemälden der früheren amerikanischen Präsidenten. Ein Mann mit Hörnern heulte seinen Leitwolf an. Abgeordnete flohen mit Gasmasken. Schüsse fielen. Und doch überraschten diese Bilder mich nach vier Jahren Trump nicht mehr wirklich. Eher waren sie die Manifestation meiner Angst, und das gab ihnen sogar etwas Erleichterndes: Was zuvor schwelend über uns gelegen hatte, war nun greifbar. Dass Trump und seine radikalisierten Anhänger eine friedliche Machtübernahme behindern und die demokratischen Grundprinzipien nicht akzeptieren würden, war im Grunde zu erwarten gewesen. Ich hatte nur nicht gewusst, wann und wie genau es passieren würden.

Der »Reichstagsmoment« des Jahres 2021 stieß auf genügend rechtsstaatlichen Widerstand, um nicht zu einer Wiederholung der Geschichte zu werden. Am Abend des 27. Februar 1933 war um kurz vor halb zehn der mutmaßliche Brandstifter im Bismarcksaal des Berliner Reichstags widerstandslos verhaftet worden, und schon am nächsten Tag hatte Reichspräsident Paul von Hindenburg die »Notverordnung zum Schutz von Volk und Staat« erlassen, womit der permanente Ausnahmezustand der NS-Diktatur begann. Am Morgen des 7. Januar 2021 verlas Trumps Vize Mike Pence den Sieg Joe Bidens bei der amerikanischen Präsidentenwahl. Der Ausgang könnte unterschiedlicher nicht sein, und doch zeigte uns der Sturm aufs Kapitol, dass selbst in der scheinbar gefestigten Demokratie der Vereinigten Staaten Gewalt zum antidemokratischen Staatssturz latent vorhanden ist – und längst mobilisiert wurde.

»Vielleicht wollen die Menschen betrogen werden, sicher nicht gelangweilt«, schrieb Ernst Bloch 1937 in seinem Aufsatz »Kritik der Propaganda«.[33] Langweilig war der 6. Januar 2021 gewiss nicht. Er war gewaltsam, und er war darin noch gewaltiger als die Wahl Donald J. Trumps vier Jahre zuvor.

Es gab für mich aber einen wesentlichen Unterschied zum 9. November 2016: Die Bilder warfen mich nicht mehr aus der Bahn, denn ich hatte mittlerweile begriffen, dass es diese sichere Bahn ohnehin nicht gab. In den vier Jahren zwischen den beiden Ereignissen war ich auf unsanfte Art erwachsen geworden. Am 6. Januar 2021 hatte ich keine Energie mehr, mich noch länger ohnmächtig zu fühlen. Will man Ohnmacht aber hinter sich lassen, muss man verstehen, warum sie einen so lange beherrscht hat.

TEIL II
Wo wir stehen

Wir

»Wir werden einander viel verzeihen müssen.«[1] Jens Spahn stand kurz vor seinem vierzigsten Geburtstag, als er dies im April 2020 ankündigte. Seit zwei Jahren war er im Amt des Gesundheitsministers, als der erste Lockdown das Land in leere Straßenzüge verwandelte, und er war der Vertreter meiner Generation, der als Erster so prominent mit einer Verantwortung konfrontiert war, die niemand vorhergesehen hatte – der Verantwortung nämlich, Maß und Mittel zu finden nicht in Fragen von Kassenzuschüssen oder des Bürokratieabbaus, sondern in einer unerwarteten Pandemie, die täglich Menschenleben forderte und weltweit Regierungen, autokratische wie demokratische, freiheitliche wie repressive, dazu brachte, ihre Bürgerinnen und Bürger in ihren Wohnungen festzusetzen und das gemeinschaftliche Leben herunterzufahren. Auch die deutsche Regierung beschloss die drastischsten Einschränkungen der Grundrechte in der Geschichte der Bundesrepublik.

Die europäischen Entscheidungsträger hatten in den Wochen zuvor noch darauf vertraut, dass Epidemien eine Eigenart südostasiatischer und afrikanischer Länder seien. So wie man über Jahrzehnte globale Armut an den Grenzen Europas abgewiesen hatte, meinte man offenkundig, auch unbekannte Seuchen beträfen nicht den reichen Westen. Vogelgrippe, Ebola, die frühen Sars-Erreger, sie alle hatten sich doch daran gehalten, nur in den Entwicklungs- und Schwellenländern zu wüten.

Diese westliche Arroganz half vor allem dem Virus. Man ließ Wochen der Vorwarnung verstreichen.* Als die Krankheit dann Mitteleuropa mit voller Wucht traf, gab es nicht genügend Beatmungsgeräte, nicht genügend Intensivbetten, ja nicht einmal genügend Schutzmasken. In den Nachrichten wurden Leichentransporte aus Bergamo gezeigt, ganze Lkw-Kolonnen, Aufnahmen wie aus einem verdrängten Krieg. Dass eine Pandemie den Beginn der 2020er-Jahre verdunkeln würde, hatte niemand präzise vorhersehen können. Dass ein neuer Erreger in einer globalisierten Welt keinen Reisepass braucht, um sich weltweit zu verbreiten, hätte man hingegen wissen müssen. Nicht einmal die Wolke von Tschernobyl war vom Eisernen Vorhang aufgehalten worden.

Der Ausbruch von Covid-19 war die erste große, akute Krise, die unsere Generation nicht nur mit ansah, sondern in der sie Verantwortung trug.** Jens Spahn, der im Herbst 2018, wenngleich erfolglos, für den CDU-Vorsitz kandidiert und damit indirekt aufs Kanzleramt geschielt hatte, musste nun als Gesundheitsminister Deutschland durch die schlimmste Pandemie seit über einhundert Jahren navigie-

---

* Noch verheerender war allerdings die Pandemiepolitik Chinas, das entgegen den WHO-Richtlinien das Auftauchen des neuen Erregers nicht umgehend meldete, sondern über Wochen, vermutlich sogar Monate verheimlichte.

** Natürlich ist die Klimakrise ebenfalls akut, sie überspannt die Coronakrise sogar, ist aber zugleich eine Krise, die sich seit Jahren steigert, somit keine neue, sondern eine bestehende, die erst verspätet öffentlich als solche gesehen wird.

ren. Sein Traum, in eine höhere Position zu rücken, war in Erfüllung gegangen, allerdings wog er nun bleischwer. Spahn ähnelt Annalena Baerbock insofern, als dass beide einen Realitätsschock erlebten, der auf eine gewisse Selbstüberschätzung folgte. Eine Überschätzung, die sich zumindest nach außen als Selbstvertrauen gab, das mächtigste Amt im Staat schultern zu können – und zwar nicht irgendwann, sondern jetzt. Vierzig war das neue sechzig. Über Spahn brach die Realität während der Pandemie herein, über Baerbock würde sie während des Wahlkampfs kommen.

»Wir, insbesondere meine Generation, Jüngere, wir lebten bisher ziemlich behütet«, sagte Annalena Baerbock in einer Bundestagsrede zu Beginn der Pandemie.[2] Dieser Satz ist bezeichnend vor allem durch das, was er nicht nennt: prekäre Lebenswirklichkeiten, Menschen, für die gesellschaftliche Sicherheiten schon vor der Pandemie nie eine Selbstverständlichkeit waren. Dass dieses unbehütete Milieu für die Grünen-Politikerin keine Rolle zu spielen scheint, passt zu einer Partei, der immer mal wieder ihre homogene Wohlstandsklientel vorgehalten wird. Es könnte aber auch grundsätzlicher daran liegen, dass in Baerbocks und meiner Generation Unsicherheiten wie Armut, Gewalt oder Fluchterfahrungen ausgeblendet werden, vielleicht sogar werden sollen.

»Unsere Generation«, sagt Christian Lindner am Telefon zu mir, »ist weltläufiger als die Generationen vor uns. Wir sind besser ausgebildet, global vernetzter, und viele haben einen höheren moralischen Anspruch an sich selbst und an ihre Mitmenschen.« Er sitzt im Fond seines Dienstwagens, auf dem Rückweg von einer Wahlkampfveranstaltung. »Was manchen neben all dem möglicherweise fehlt, das ist die charakterliche Härte, wie sie die Generation der

Kriegsteilnehmer besaß. Die Härte, auch unpopuläre Entscheidungen zu treffen. Das war bei den früheren Generationen eher klar.«

So unterschiedlich diese drei Spitzenpolitiker sind und so gegenläufig zumindest zum Teil ihre Positionen, es verbindet sie, dass Verantwortung in ihrer bisherigen politischen Laufbahn vor allem bedeutete, in einem wohlhabenden Land aus dem Vollen zu schöpfen und die Weichen in einem leidlich funktionierenden Schienennetz zu stellen. Mochten auch die globalen Krisen sichtbarer werden, von einbrechenden Finanzen über zunehmenden Autoritarismus bis zum kollabierenden Klima, Deutschland war bislang immer mit einem blauen Auge davongekommen. Der »kranke Mann Europas« war wieder genesen, als die drei ihre ersten prominenten Positionen übernahmen – Lindner 2009 als FDP-Generalsekretär, Spahn 2015 als parlamentarischer Staatssekretär, Baerbock 2018 als Grünen-Vorsitzende.

Aus einem wohlhabenden Land ein klimaneutrales wohlhabendes Land zu machen, ein auch in Zukunft wohlhabendes, womöglich noch wohlhabenderes Land, das konnte man für die Aufgabe dieser Generation halten. Dass die globalen Krisen aber nicht nur bei uns mitverursacht werden, sondern auch hier bei uns Zerstörungen anrichten und Menschenleben fordern, zeigt sich in ganzer Tragik seit Beginn der Corona-Pandemie und wenig später in der Flutkatastrophe im Ahrtal.

»Wir haben es in der Hand«, heißt es in Annalena Baerbocks Buch *Jetzt* noch optimistisch. »Ich bin überzeugt, dass wir es besser machen können. Und müssen«, ist an anderer Stelle zu lesen. Es könnte das Wir unserer Generation sein, jener Generation, »die weder jung noch alt ist, sondern mittendrin«, wie Baerbock schreibt. »Wir sind die erste Generation, die im Bewusstsein der Klimakrise aufgewachsen ist. Eine digitale Generation in einem Land, dem Digitalisierung unerklärlich schwerfällt. Wir sind die erste gesamtdeutsche Generation in einem vereinten Europa.«[3]

Wenn Baerbock von diesem Wir spricht, ist es nicht das kollektivistische Wir, das aus den 68er-Studentenunruhen per Megafon in irgendeinen Hörsaal hineinschallte. Es ist noch weniger das Wir der Neuen Rechten, das durch die behauptete Superiorität ihrer »Rasse« zusammenrückt. Es ist auch nicht, oder zumindest nicht ganz, das Wir der klimaprotestierenden Jugend, die es den Älteren als Vorwurf vor die Füße schmeißt: Ihr verspielt unser Wir! Baerbocks Wir ist dagegen eher Ermutigung, vielleicht eine Anweisung. Es ist ein im Grunde vereinzeltes Wir, ein Wir-Ersatz, eigentlich ein Ihr und ein Ich: Ich habe erkannt, was gut für euch ist. Auch hierin ähnelt sie Spahn, dessen eingangs zitiertes Wir eher wie eine Bitte um Vergebung für ihn selbst klang.

Bei Baerbock gibt es allerdings noch einen Wir-Satz, der die anderen überstrahlt: »Aber wir können es.«[4] Viel näher kann man dem berühmten Merkel'schen Satz »Wir schaffen das« kaum kommen. So ähnlich Baerbock hier womöglich der Kanzlerin sein wollte, so deutlich grenzt sie sich doch ab. Denn zwischen »schaffen« und »können« gibt es einen klaren Unterschied – *schaffen* bedeutet Vertrauen in Anstrengung, *können* Vertrauen auf Fähigkeiten. Noch wichtiger scheint mir das kleine Wort »Aber« zu sein. Es hat etwas Kindlich-Trotziges und zugleich etwas Zauderndes, so, als wäre die Sprecherin doch noch nicht ganz von dem überzeugt, was sie selbst sagt.

Auch Lindner nennt in seinem 2017 erschienenen Buch

Schattenjahre ein prominentes Wir oder vielmehr Uns: »Es war doch immer gut gegangen«, heißt es ganz zu Beginn. »Vielleicht hatte uns das zu arrogant gemacht.«[5] Es bezieht sich auf die FDP nach der Niederlage 2013, als sie mit 4,8 Prozent aus dem Bundestag flog und ein Kapitel bundesrepublikanischer Parteiengeschichte beendet schien. Die beiden Sätze fassen aber ein politisches Gefühl, das über die Grenzen einer kleinen bundesdeutschen Partei weit hinausreicht: Brexit, Trump, Klimakrise, Pandemie – »wir« standen unvorbereitet vor den Ruinen unserer vertrauten Welt. Es war doch immer gutgegangen. Ebendas hatte uns zu arrogant gemacht, oder zu bequem, zu vorsichtig, zu selbstgerecht.

Analoger Migrationshintergrund

Wir – was macht dieses Wir aus? Vielleicht lässt sich die Frage auch anders stellen: Wie stellt sich dieses Wir dar? Unsere Generation war die erste, die verstand, dass die Selbstdarstellung in den sozialen Medien einen unmittelbaren Einfluss auf ihren Wirkungsbereich haben würde. Sie war die erste Generation, die lernte, diese Wege zu nutzen und sich nicht auf von Fotografen zurechtgerückte Künstlichkeit zu verlassen, wie sie etwa Bilder von Helmut und Hannelore Kohl im Badeurlaub oder von Horst Seehofer mit seiner Modelleisenbahn vermittelten. Die sozialen Medien veränderten das Verhältnis zwischen Sender und Empfänger, zwischen Darstellern und Betrachtern, zwischen Wählern und Politik auf beispiellose Weise.

Wie Mark Zuckerberg waren wir in unseren Zwanzigern, als er 2004 Facebook gründete. In die sozialen Medien hineinzuwachsen war wie ein weiterer Schritt auf dem Weg ins eigene Leben. Wir waren ohnehin in einer Phase der Neuorientierung und der wachsenden Selbstständigkeit, in der sich zugleich noch niemand endgültig festlegen musste. Wir wurden mit der Geburt der sozialen Medien erwachsen, lernten, uns selbst darzustellen: im Privaten, im Professionellen und zunehmend in der Vermischung aus beidem. Die Inszenierung in den sozialen Medien verschob sich hin zu einer vermeintlichen Authentizität, vieles wurde scheinbar unmittelbarer und partizipativer. Dies gilt auch und gerade für den Bereich der Politik, in dem die junge Generation mit neuen Formaten der Abstimmung wie *Liquid Democracy* experimentierte, die suggerierten, demokratische Teilhabe, ja sogar Stimmmächtigkeit sei schon mit einem Klick zu haben.

Natürlich umfasst die Revolution, in die hinein unsere Generation aufwuchs, mehr als die sozialen Medien, und selbst diese bestehen nicht nur aus netten Fotos von Dorothee Bär beim Fahrradfahren und Lars Klingbeil im Autokino von Rotenburg. Wir erfuhren den Wandel, der so lapidar mit dem Wort »Digitalisierung« zusammengefasst wird, nicht als reines »Neuland«[*]. Weder sind wir schon *digital natives,* die eine Welt vor der digitalen nicht mehr kennen, noch *digital immigrants,* die erst im Erwachsenenalter mit der digitalen Welt in Berührung kommen. Man könnte uns »Menschen mit analogem Migrationshintergrund« nennen: Aufgewachsen in einer analogen Welt, wurden wir in einer zunehmend digitalen erwachsen.

Wir kennen beide Realitäten. Anders als die Generation vor uns erlebten wir die Verschiebung von Entfernung, Wissen und Verfügbarkeit nicht als Einbruch in eine bereits abgeschlossene Wirklichkeitsauffassung, und anders als die Generation nach uns kennen wir noch das Gefühl des Fingers in der Wählscheibe, das Durchblättern von Telefonbüchern und Zettelkästen in Bibliotheken.

Wir wissen mittlerweile um die Schattenseiten, die das Versprechen von einer demokratisierten Informationsgesellschaft mit sich gebracht hat, in der es keine klaren

---

[*] So bezeichnete Angela Merkel das Internet noch 2013.

Schwellenhüter mehr gibt, die darüber entscheiden, wer wahrgenommen wird und wer nicht. Verschwörungstheorien, die für manche eine ebenso hohe und verlässliche Autorität besitzen wie eine wissenschaftliche Studie, stellen nur einen der Nebenaspekte der einst emanzipatorischen Idee dar, Stimmen gleichberechtigt hörbar zu machen.

»Das Schattenreich ist das Paradies der Phantasten. Hier finden sie ein unbegränztes Land, wo sie sich nach Belieben anbauen können. Hypochondrische Dünste, Ammenmärchen und Klosterwunder lassen es ihnen an Bauzeug nicht ermangeln«,[6] schrieb schon Immanuel Kant in einem polemischen Text, der sich mit einem Phänomen herumschlägt, das zur Aufklärung gehört wie Fake News zu Twitter. Es war der Glaube an Gespenster, und man sollte meinen, all diese lichtscheuen Geschöpfe wären gerade durch die Aufklärung aus ihren dunklen Ecken verscheucht worden. Stattdessen tänzelten sie den Gelehrten auf der Nase herum und waren ebenso schwer zu beweisen wie zu widerlegen.

»Wenn wir wachen, so haben wir eine gemeinschaftliche Welt, träumen wir aber, so hat ein jeder seine eigene«, zitiert Kant Aristoteles und korrigiert ihn sogleich: »Mich dünkt, man sollte wohl den letzteren Satz umkehren.«[7] Das Träumen bringt demnach die Menschen zusammen, das Wachsein vereinzelt sie. Diese Dynamik erleben wir auch in den sozialen Medien, wo wirklichkeitsentbundene Verschwörungen die Menschen leichter zu einer Gemeinschaft verbinden als die nüchterne Betrachtung der wachen Tageswelt, wo Desinformationskampagnen als starkes Mittel im Ringen um die Macht eingesetzt werden und den Weg zu gewalttätiger Radikalisierung bereiten. Sie zwingen eine freiheitlich demokratische Grundordnung in einen paradoxen

Kampf, indem sie ihr Versprechen der Meinungsfreiheit provozieren und missbrauchen.

»Sie haben gesagt, Online-Plattformen wie Facebook und Twitter hätten den Sturm aufs Kapitol ermöglicht. Haben die Konzerne Blut an ihren Händen?«, wird Roger McNamee, früher Mitinvestor von Facebook und heute scharfer Kritiker des Konzerns, in einem *FAZ*-Interview gefragt.

»Mark [Zuckerberg] und die Vereinigten Staaten haben Wertesysteme und Prioritäten, die in Konflikt miteinander stehen«, antwortet McNamee. »Ihm geht es vor allem um Effizienz, aber amerikanische Grundwerte wie Demokratie und Selbstbestimmung sind ineffizient.«[8]

Zuckerberg könnte die machtvolle Avantgarde einer Generation darstellen, die das Demokratische nicht mehr selbstverständlich als Zentrum ihrer Orientierung setzt. Er lehnt es nicht etwa ab, nein, er peripherisiert es einfach. Am Ende könnte das noch vernichtender sein. Effizienz – oder Optimierung – der Technik wie der Inszenierung des Wirtschaftens wie des Sozialen führt einen neuen Paternalismus ein, der sich auf Samtpfoten einschleicht, aber die Krallen jederzeit ausfahren kann.

Die sozialen Medien zeigen sich derweil schon vor jeder politischen Radikalisierung radikal: Sie sind emotionslabil, willkürlich, banalisierend. Das Foto von der Sonntagstorte reiht sich an das einer Demonstration an das eines Eichhörnchens an das eines fiktiven Superschurken an das einer Kriegsruine an das eines Randalierers im Kapitol. Die Kommentare dazu werden zu Phrasen allein schon durch die stetige, kaum variierende Wiederholung. Eruptive Gefühlsbehauptungen erzielen in der Reality-Show, die unser Leben inzwischen ist, mehr Aufmerksamkeit als Komplexität.

»Selfies töten die Demokratie«, sagt Linda Teuteberg pointiert. »Die notorische Inszenierung der eigenen Individualität auf Kosten anderer, insbesondere in unausgesprochener, aber umso wirkungsvoller transportierter Verachtung für Institutionen und Bindungen untergräbt die Fundamente von Vertrauen und Zusammenhalt.«

Nicht nur sind Follower eine politische Währung geworden, mit der jenseits von Wahlkabinen gezahlt wird, und um sie zu gewinnen, kann scheinbare Nahbarkeit wichtiger sein als Argumente. Wir üben vielmehr zudem durch überzogene Personalisierung, Ich-Zentrierung und Vereinfachung die gesellschaftliche Parzellierung ein; produktive Mehrheitslösungen werden gar nicht mehr gesucht.

Das Bild beherrschen dagegen oft jene, die ihre Meinung durch radikale Aggression ausdrücken. Hass und Gewaltfantasien gab es lange vor dem ersten Tweet, schon Olympe de Gouges bekam im 18. Jahrhundert Morddrohungen, weil sie sich für die Rechte von Sklaven einsetzte, nur waren die Drohungen nicht an jeder Litfasssäule angeschlagen. Heute werden solche Vernichtungswünsche öffentlicher und auf perfide Weise normaler. Dabei gehen jene, die darin ein Ventil für private Frustration suchen, und jene, die politische Positionen gezielt destabilisieren wollen, Hand in Hand, und verbale Gewalt ergänzt sich mit gelenkter Desinformation.

»Wenn wir nicht in der Lage sind, koordiniert und strategisch dagegenzuhalten, entgleitet es uns«, meint dazu Benjamin Zeeb. »Es entgleitet uns nicht, weil irgendwas versehentlich ins Rutschen gekommen ist. Der Gedanke ist viel zu passiv. Es gibt finanziell gut aufgestellte Leute im Vereinigten Königreich, in Moskau, in den USA, die ein ökonomisches Interesse und eine strategische Vision haben, die

Demokratie zu schwächen. Sie wollen etwas deutlich Autoritäreres als die westliche Demokratie«, sagt er. »Und die Leute aus den demokratischen Parteien machen sich derweil Sorgen, welche Kommentare unter ihren Posts stehen!«

Utopien für mutlose Zeiten

»Wir leben von den Ideen und dem Mut anderer Generationen«, sagt die ehemalige Siemens-Managerin Rosa Riera. »Wir greifen nicht mehr nach den Sternen. Um aus dem dunklen Tunnel rauszufinden, in den wir uns mit Krisen wie dem Klimawandel hineinmanövriert haben, müssen wir irgendwo ein Licht sehen.«

Fast ihr gesamtes Arbeitsleben war Riera für die Siemens AG tätig. Damit widerspricht sie dem, was man sich als Karriere für eine Managerin ihres Alters – sie ist Jahrgang 1975 – klischeehaft vorstellen mag: ständig im Wechsel von einem Arbeitgeber zum nächsten, die einzelnen Berufsstationen oft nicht viel mehr als Stippvisiten. Und sie entspricht diesem Bild doch, denn sie wechselte die Orte und Länder, blieb dabei aber stets im Netz des globalen Konzerns. Das Unternehmen als Weltdorf, dem man nie ganz entwächst.

Wenn sie sagt: »Uns auf die Gestaltungsmöglichkeiten freuen, das würde uns voranbringen«, dann könnte das auch als Optimierungsmantra an der Wand eines Facebook-Büros hängen – dort stünde es freilich nicht im Konjunktiv. Aber Riera denkt nicht aus dem Silicon Valley heraus, sondern vom Standpunkt eines der größten deutschen Unternehmen, das alle historischen Stationen der deutschen Wirtschaft seit der Mitte des 19. Jahrhunderts durchlaufen hat, samt ihrer Schattenseiten. Die dunkelste war fraglos, als Siemens durch die Kriegswirtschaft der Nazis prosperierte und KZ-Häftlinge als Zwangsarbeiter in seinen Produktionsstätten einsetzte. Nach dem Krieg beeinträchtigte die Kollaboration mit den Nazis den Konzern nicht, und bereits zu Beginn der 50er-Jahre erreichte die Produktion fast wieder das Vorkriegsniveau. Nachdem Siemens 1962 die von der Jewish Claims Conference geforderte Entschädigung von sieben Millionen Mark gezahlt hatte, fühlte man sich reingewaschen und konzentrierte sich auf die Gegenwart – und die hieß Wirtschaftswunder.*

Dieses Wunder führte damals die gesamte Gesellschaft zusammen, so sieht es Riera, denn es zeichnete klare Ziele vor, die nicht nur den Unternehmen zugutekamen. Die deutschen Standards in Wirtschaft und Bildung mussten steigen, um Innovationen voranzubringen, erklärt sie; gute Arbeitsbedingungen waren Voraussetzung für das Wachstum der Industrie. Grenzen sollten weichen, Waren und Dienstleistungen fließen. Die Interessen der Arbeitnehmer ergänzten sich mit denen der Arbeitgeber, gelenkt von der wundersamen Hand des neu prosperierenden Marktes.

»Das Urproblem heute gründet darin, dass uns die großen Ideen fehlen. Stattdessen dominiert die Idee des Mangels«, so Riera. »Wir verwenden unsere Kreativität darauf, zu sparen. Dadurch übersehen wir, was möglich ist. Wenn wir das in Politik und Wirtschaft durchbrechen könnten, dann kämen wir weiter.«

---

*   Heute ist der Konzern bemüht, sich aufklärend und verantwortungsvoll gegenüber seiner Vergangenheit zu zeigen.

Riera verkörpert einen modernen Managerinnentyp, der in den Vorstandsetagen der 60er-Jahre nicht vorstellbar gewesen wäre. Riera tritt klima- und sozialbewusst auf und passt damit zu dem Unternehmen, das sich heute als transparent, grün und offen für Transformation darstellen möchte. Den alten Karren aus dem Dreck ziehen, so könnte man die Aufgabe unserer Generation nennen, und zwar wortwörtlich aus dem Dreck, der in die Atmosphäre und in die Zukunft geblasen wird. Anders als die Vergangenheit lässt sich die Zukunft noch ändern.

»Wir müssen zurück zur Hoffnung, dass es auch wieder besser werden kann«, meint Riera. »Dann haben auch wieder mehr Menschen Lust, sich zu beteiligen, und wir können die politische Debatte und Kultur wiederbeleben. Mir fehlen Politiker und Politikerinnen, die in der Lage sind, eine positive Zukunftsidee zu entfalten.«

Vielleicht ist Franziska Brantner eine dieser Politikerinnen. Die heutige Staatssekretärin der Grünen kann Utopien durchaus noch erkennen, sie klingen nur anders als die ideologischen Träume des 20. Jahrhunderts. Sie sind leiser, versuchen nicht, einen neuen Menschen zu schaffen, sondern dem Menschen, wie er ist, einen weniger engen und dennoch sicheren Raum zu geben. Und sie haben einen unschlagbaren Vorteil gegenüber den großen Utopien der Vergangenheit: Wenn sie Wirklichkeit werden, kippen sie nicht so leicht ins Totalitäre.

Erneuerbare Energien, neues Staatsbürgerrecht, Identitätsvielfalt, alternative Gesellschaftsentwürfe: All das, was uns heute fast selbstverständlich erscheint, war vor zwanzig, dreißig Jahren noch für viele schwer vorstellbar. Es stimmt eben nicht ganz, wenn wir meinen, wir bewegten uns seit Jahrzehnten nur im mutlosen Klein-Klein. Politische Probleme werden lediglich kleinteiliger angegangen – nicht mit wehender Fahne, sondern mit Korrekturstift.

Auf die Frage, welche Weichen für die Zukunft in Deutschland und Europa gestellt werden müssen, antwortet Brantner nicht mit großen Idealen, sondern mit pragmatischen Schritten. »Viele Strukturen aus dem 20. Jahrhundert bewahren wir aus Gewohnheit, dabei passen sie nicht mehr in unsere Zeit. Wir brauchen Lösungen, die der Komplexität und Schnelligkeit der Welt gerecht werden. Dafür brauchen wir Behörden, die das verinnerlichen und sich flexibel weiterentwickeln.«

Hierin ähnelt sie Riera: Beide müssen einen alten Kahn neu auftakeln. Brantner, die schon für die Grünen im Europäischen Parlament saß, kennt sich mit Institutionen und vor allem mit deren Schwerfälligkeit aus. Ihre Dissertation schrieb sie über »Die Reformfähigkeit der Vereinten Nationen«, und wer sich ein wenig mit der UNO beschäftigt hat, weiß, dass dieser Titel eigentlich schon ein Widerspruch in sich ist. Die Weltorganisation ist ein Paradebeispiel dafür, was aus den großen Utopien wird, die sich jenseits der totalitären Inbesitznahme verwirklichten: Sie blockieren sich bald selbst, werden zahnlos und träge.

Gibt es einen Ausweg aus dem Dilemma? Vielleicht ist der wenig schillernde Pragmatismus doch das beste Mittel, der stete Tropfen, der den Stein höhlt. »Es ist unumgänglich, dass wir uns die Strukturen anschauen und sie reformieren«, meint Brantner. »Wir schrecken davor zurück, weil es eine Mammutaufgabe ist«, gesteht sie ein. »Doch es ist klar, dass es kein anderer für uns machen wird.«

Im besten Licht betrachtet, kondensiert sich die Politik des kleinteilig Machbaren zum sanften Zukunftsversprechen, fern von jakobinischen Allmachtsfantasien und Radikalität. Helmut Schmidts Bonmot »Wer Visionen hat, soll zum Arzt gehen« wird neu gedeutet: Man geht zum Arzt, aber nicht, um sich von Visionen heilen zu lassen, sondern um mit einem Fachkundigen über ihre mögliche Umsetzung nachzudenken.

Doch das hat seine Schwächen, denn das Kleinteilige fügt sich nur von sehr weit oben gesehen zu etwas Großem zusammen. »Eine solche Politik hat den Sinnbedarf auf einer höheren Stufe nicht bedient, und das seit Langem«, sagt der Staatsrechtler Florian Meinel. »Auch deshalb ist die autoritäre Revolte heute eine reale Bedrohung. Freiheit oder Sozialismus, diese Frage hatte noch die Wucht, den Sinnbedarf zu decken. Sie lässt wenig populistische Gegenstimmen zu, weil sie selbst populistisch ist.«

Meinel sitzt in seinem Büro, hinter ihm im Regal strahlen die gleichmäßigen Rücken der Gesetzesbücher eine stille Ordnung aus. Er spricht ruhig, sachlich, jede Frage nach erkennbaren Strukturen abklopfend. Auch er sieht in der Zeit des Wirtschaftswunders eine heute nicht mehr rückholbare Stabilität der alten Bundesrepublik. Die Gründung der Bonner Republik und die Deutschlandverträge fielen in eine wirtschaftlich blühende Phase, die man politisch als Legitimationsgrundlage nutzen konnte. Heute hat sich das Wunder erschöpft, man sieht oft eher Budenzauber, und die schnelle Sinnbefriedigung durch plebiszitäre Rhetorik, wie sie AfD und andere populistische Gruppierungen anbieten, hält Meinel für eine Scheinantwort. Zwar glaubt er nicht, dass die verfassungstreuen Parteien heute zum Populismus zurückkehren sollten oder auch nur könnten. Die Zeit von Herbert Wehner, Franz Josef Strauß oder Gerhard Schröder sei vorbei. Die der Populisten aber noch lange nicht. Sie haben ihr neues Narrativ längst gefunden. »Es könnte das große Versäumnis unserer Generation sein, dass wir zu wenig daran gedacht haben, wie wichtig Institutionen sind«, erklärt Meinel. »Dabei hängt politische Stabilität eng mit Institutionen zusammen. Die hehrsten politischen Absichten stabilisieren nicht. Institutionen hingegen können absichern und über die Aufgeregtheit der Tagespolitik hinaus wirken.«

»Vielleicht geht es gar nicht so sehr darum, neue Zukunftsvisionen zu finden«, meint auch der Literaturwissenschaftler Hannes Bajohr, »sondern darum, die Ideale, denen sich unsere Gesellschaft verpflichtet fühlt, wieder stark zu machen. Zum Beispiel dem Grundgesetz seine normative Kraft zurückzugeben.«

Dass die Ideale an Strahlkraft verloren haben, hängt nicht nur mit Abnutzung zusammen, mit dem Glanzloswerden des Alltäglichen, sondern auch damit, dass sie oft zu politischen Phrasen verkommen und sich ihr eigentlicher Gehalt verwässert. Die Wende hätte die Begeisterung für freiheitliche Rechte langfristig neu beleben können, doch dafür hätten Ost- und vor allem Westdeutsche empfänglicher für die jeweils andere Perspektive sein müssen. Stattdessen überwog meist das Missverstehen.

Wie schwer es ohnehin ist, andere für etwas schon Erreichtes zu begeistern, betonte unmittelbar nach der Wiedervereinigung bereits Bundespräsident Richard von Weizsäcker. »Als es noch darum ging, die Freiheit zu erringen, wusste man sehr gut, wen man zu fürchten hatte und was man dagegen tun konnte«, sagte er in seiner Weihnachtsansprache 1990. »Nun ist die Freiheit errungen, und es gilt, in ihr zu bestehen. Das ist eine ebenso großartige wie harte Aufgabe.«[9]

Dass Freiheit kein passiver Zustand, sondern dynamische und eben auch kollektive Handlung ist, dass sie uns herausfordert und nicht nur wie eine Dienstleistung versorgt, daran muss selbst heute immer mal wieder erinnert werden. Zu oft werden liberale Grundwerte durchgewalzt, bis niemand mehr sagen kann, wofür sie eigentlich genau stehen. Und das hat gravierende Folgen. Ein Erstarken des Antiliberalismus, wie wir ihn heute auch in Deutschland erleben, sei schließlich nur in einer Situation möglich, so Bajohr, »in der dem Liberalismus kaum noch Bindungskraft zukommt«.

Dystopie

Als Kind knipste ich gern Lichtschalter aus, um Strom zu sparen und so die Umwelt zu retten, mitunter zum Leidwesen meiner Eltern, die nicht einsahen, warum sie im Dunkeln duschen sollten. Im Micky-Maus-Heft erklärte mir Klaus Töpfer die Umweltprobleme von der Regenwaldrodung bis zum FCKW in Haarspraydosen und wurde zum ersten Politiker, der auf mich Einfluss nahm. In meiner Jugend malte ich Banner für Greenpeace, warb in der Fußgängerzone für Strom aus regenerativen Quellen und gab klein bei, als mein Vater bei meinem dritten Überzeugungsversuch immer noch keinen Vertrag für Ökostrom unterschreiben wollte – Eon sei doch viel unkomplizierter …

Zu wenig Beharrlichkeit, um zu überzeugen, stattdessen noch einmal von den Älteren beschwichtigt werden, das scheint mir typisch für jene Zeit und meine Generation zu sein. Dass Ökonomie und Ökologie irgendwie zusammengehen mussten, das haben wir wohl durchaus früh gemerkt, ohne aber eine Antwort für das Wie zu haben, zu antagonistisch schienen beide Prinzipien und auch die gesellschaftlichen Gruppen, die für sie standen. Wir waren uns zwar schon einer fundamentalen Schieflage, einer realen Bedrohung bewusst, verfügten aber über kein utopisches Potenzial, und zugleich hatten wir noch nicht genug Wut zur dystopischen Erzählung.

Dystopie und Apokalypse haben sich in den letzten Jahren als neue, wirkungsvolle Narrative erwiesen, um die Lücke zu füllen, die die Utopievermeidung hinterlassen hat. Während sich Benjamin Zeeb noch bemüht, ein mitreißendes positives Narrativ von Europa zu zeichnen, das mehr Emotionalität transportiert als das Wort »Bruttoinlandsprodukt«, haben Klimaaktivisten – und mit anderer Zielsetzung auch Neurechte – längst ihre Storyline gefunden.

Die heutige Dystopie muss nicht einmal in die Zukunft gerichtet sein. Es genügt, die Puderschicht von der Gegenwart zu blasen, und die vergiftete Oberfläche unserer Realität wird offenbar. Auf meinem Smartphone sehe ich Bilder aus Ahrweiler: schlammig verwüstete Landschaften. Die Elbhochwasser meiner Kindheit in Hamburg? Kaum mehr als Hitzefrei. Die Berichte von Menschen, die auf ihre Hausdächer geflohen sind, erinnern mich, wenn überhaupt an etwas, dann an den Tsunami von 2004, den ein Seebeben im Indischen Ozean auslöste. Das Geschehen wirkte damals von Deutschland aus so fern, als wären Katastrophen nicht für uns bestimmt. Heute sind sie wortwörtlich in unserem Vorgarten angekommen, und das ist, wenn wir ehrlich sind, erst der Anfang.

Der Klimaschutz-Index von Germanwatch für das Jahr 2021 taucht die Weltkarte in tiefes Rot – die Klimaschutzbemühungen werden überwiegend als »sehr schlecht« bewertet, in den USA wie in Russland, in Kanada wie in Australien, in Saudi-Arabien wie in Taiwan, in Iran wie in Polen. Eine Möglichkeit, mit einer schlimmen, vielleicht sogar unheilbaren Diagnose umzugehen, ist das Verdrängen. Wir müssen keine aggressiven Leugner des Klimawandels sein, um uns selbst zum Wegschauen zu verführen. Die Probleme wirken zu groß und zu verzahnt, als dass wir mit gutem

Willen, mit Mülltrennung, Fleischverzicht oder Fahrrad-fahren etwas bewirken könnten. »Wir können es nicht und wir schaffen es auch nicht« – ist das der eigentliche Wir-Satz unserer Generation? Wenn ohnehin nichts mehr geht, dann wäre Verdrängen sogar rational. »Wenn ich in der Zukunft nicht leben kann, dann lebe ich doch jetzt«, so hat Rosa Riera dieses Verhalten beschrieben.

Das ist die Steigerung der Haltung, mit der wir aufge-wachsen sind. »In den 90er-Jahren war im Westen der ewige Friede angebrochen«, erinnert sich Omid Nouripour, »auch wenn unter unseren Augen und von sehr großer Ignoranz begleitet Verbrechen geschahen. Raketen auf Jerusalem. Hunderttausende Tote in Irak. Hunderttausende Tote in Ruanda. Aber bei uns in Europa war der Ponyhof endlich real. Besser ging es nicht, und so haben wir auch gelebt.«

Der schwedische Humanökologe und Klimaaktivist An-dreas Malm nutzt die Dystopie als Mittel zur Mobilisierung. In seinem Buch *Klima|x* zeichnet er ein düsteres Bild un-seres Hier und Jetzt, indem er die engen Verknüpfungen unterschiedlicher Katastrophen zeigt: von der Heuschre-ckenplage in Ostafrika über die Waldbrände in Australien mit siebzig Meter hohen Flammen bis zu einem 41-jährigen Mann in Wuhan, der an Atemnot leidet, und zu den über-füllten Krankenhäusern in Norditalien. Die Leinwand, die Hieronymus Bosch für diese Darstellung gebraucht hätte, hätte die ganze Erde umspannt.

»Kein apokalyptischer Reiter sitzt allein auf dem Pferd«, schreibt Malm. »Seuchen tauchen nicht im Singular auf.«[10] Auch er gehört zu meiner Generation, er ist 1977 in einer kleinen Gemeinde südlich von Göteborg geboren. Den Zu-sammenbruch der Sowjetunion erlebte er aus der Ferne als Heranwachsender, und nun, drei Jahrzehnte nach dem Ende des real existierenden Sozialismus, ist er überzeugter Marxist. Seine Ansichten stützt er nicht auf Fantasien eines neuen Menschen, sondern er illustriert sie durch das Elend und die Verwüstung, als deren Verursacher er den Kapitalismus ausmacht. Malm blickt dafür weniger in die Hinterhöfe und Fabrikhallen, sondern auf den gerodeten Regenwald, aus dem beengte Wildtiere fliehen, auf die Monokultur-Äcker, auf gewaltige Flächen zerstörten Lebensraums im globalen Süden.

In seiner Drastik passt Malm eigentlich besser zur aktivistischen jüngeren Generation als zu unserer, die sich eher durch Moderation als durch radikale Forderungen auszeichnet. So sprach Annalena Baerbock auf dem Bundesparteitag der Grünen 2019 über das notwendige Zusammengehen von Klima und Wirtschaft. Sie bemühte dafür die Etymologie, fand von *oikonomía* und *oikos* zu Haus, Hausstand und Heimat. Pathetisch gesagt, ist die Wirtschaft das Dach über unserem Kopf; nüchtern gesprochen, ist die Verbindung von Ökonomie und Ökologie die Brücke zwischen grünen und liberalen Positionen, die jahrelang von beiden Seiten gemieden wurde, obwohl sie zentral ist für das Gelingen unserer unmittelbaren Zukunft.

Diese Brücke endlich zu betreten ist ein deutlich pragmatischeres Herangehen als der revolutionäre Glaube, unser Wirtschaftssystem müsse in Gänze gestürzt werden, um den Planeten zu retten, aber auch als der romantische Glaube, allein durch individuelles Konsumverhalten könnten wir etwas bewegen. Mit Gemüseburgern und Fahrradfahren gegen die Klimawende ankommen ist, als wolle man mit einem Teelöffel das Meer ausschöpfen. Es überschätzt unsere Möglichkeiten ebenso, wie es sie unterschätzt. Wir sind mehr als Konsumenten, nicht bloß dem *bourgeoisen* Streben nach Konsum und Wohlstand verschrieben, sondern wir sind auch *citoyens,* durch Bürgerrechte und -pflichten ermächtigt, uns einzubringen, mitzubestimmen und Verantwortung zu übernehmen. Wir sind nicht nur die Zuschauer eines Fußballspiels, wir spielen selbst.

Malm kann man sich schwerlich auf dieser Brücke vorstellen, er selbst sieht auch eher die Brückensprenger am Werk. Gerade heute, so Malm, gebe es eine Rückkehr zur Kriegsrhetorik. So hätten während der Pandemie Regierungschefs von Emanuel Macron bis Donald Trump davon gesprochen, im Krieg gegen das Virus zu sein.[11] Ein Land, das im Krieg ist, kann (und muss scheinbar) gegenüber der Bevölkerung ebenso wie gegenüber Bündnispartnern härter durchgreifen als in Friedenszeiten. Das ermöglicht einen größeren, aber auch gefährlichen Spielraum. Dabei verwendet Malm selbst Kriegsrhetorik und das alte Freund-Feind-Schema, wenn er schreibt: »Das Klima scheint bereits in das nächste Level des Antagonismus aufgestiegen zu sein. Dort gilt es, einen Feind höherer Ordnung zu überwinden, und zwar nicht bloß einen Monat lang oder ein, zwei Jahre: Die Stilllegung des fossilen Kapitals müsste für alle Zeiten erfolgen. Der Notstand selbst wäre selbstverständlich keineswegs ewig; es würde sich um eine Übergangszeit handeln (…). Er gliche am ehesten dem Kriegskommunismus.«[12]

Antistalinistischer Leninismus, ökologischer Kriegskommunismus: Auf mich wirkt Malms Vorschlag wie eine morsche Brücke aus dem Jahr 1917. Denke ich an Bitterfeld und Tschernobyl, fällt es mir schwer, die Umweltzerstörung allein »dem« Kapitalismus anzulasten, wie Malm es tut, und vom Kommunismus die Rettung zu erwarten. Erstaunlicher noch als Malm selbst ist die Resonanz auf seinen Wunsch nach einem Systemsturz, der von der *New York Times* bis zur *Zeit* diskutiert wird. »Der Kapitalismus zielt auf immer weiter steigenden Konsum, das ist nicht kompatibel mit Klimaschutz«, gibt auch Kathleen Mar ihm recht. Die Atmosphärenphysikerin und Leiterin des Projekts ClimAct fügt aber hinzu: »Andererseits hat der Kapitalismus die Stärke, schnell und effizient Lösungen zu finden. Wenn es um Technologien geht, dann werden wir nicht auf ihn verzichten können. Die Klimakrise greift so tief in so viele Aspekte unseres Lebens ein, dass wir viele verschiedene Lösungen brauchen werden.«

Die antidemokratische Versuchung

Während der Humanökologe Malm den Leninismus als Alternative zur liberalen Demokratie vorschlägt, skandieren Klimaaktivisten auf Berliner Straßen »Wir sind das Volk«, als störte es sie nicht, dass schon Pegida mit dem Zitat der DDR-Bürgerrechtsbewegung die Bundesrepublik in die Nähe einer Diktatur rückte.[13]

»Die Militanz, mit der einige Klimaaktivisten die repräsentative Demokratie wegwünschen, wenn sie nicht schnell genug arbeitet, hat etwas Faszinierendes«, sagt Florian Meinel. »Und etwas Erschreckendes zugleich. Es scheint ihnen gar nicht mehr möglich zu sehen, dass verschiedene Schritte in einem Prozess zusammenwirken, und sie empfinden es nur noch als lästig, wie Institutionen den Weg begleiten, Schritt für Schritt. Die Eindimensionierung politischer Fragen macht das ganze Unterfangen sehr instabil.«

Doch was, wenn etwas dran ist? Wenn die Demokratie wirklich nicht mit den großen globalen Herausforderungen wie dem Klimawandel fertig wird? Hat unsere Demokratie sich schon abgenutzt? Stirbt sie bloß nicht so schnell wie der Sozialismus? »Es ist ja wirklich etwas kaputt in unserer Gesellschaft«, gesteht Benjamin Zeeb ein. »Der Vorwurf ist nicht falsch, aber die Idee, deshalb alles niederzureißen, ist nicht gerade attraktiv.« Mir kommt diese Idee vor allem laut und auf regressive Art kompromisslos vor. Gegen die Lautstärke hat Zeeb nichts, aber wenn laut denkend nach einer »klugen« Diktatur oder autoritären Elementen gesucht wird, bereitet ihm das ernstlich Sorgen. Mit leisem Sarkasmus kommentiert er den Messias-Komplex der Klimaaktivisten: »Es ist schon gut, wenn die Welt gerettet wird, aber nur halb gut, wenn nicht ich sie rette.«

Womöglich ist die Geringschätzung demokratischer Prozesse schlicht eine ins Politische gewendete narzisstische Kränkung. In den Wahlkabinen gibt es kein Megafon, und unser Kreuz auf dem Zettel ist eines von zig Millionen, allein wird es daher nicht die Richtung bestimmen, in die sich das Land oder gar die Welt verändert. Wir sind Teil eines so vielköpfigen, vielstimmigen Miteinanders, dass es sich mitunter anfühlt, als wäre es gleichgültig, ob wir uns einbringen oder nicht. Der sogenannte *narcissistic turn* bezeichnet die gesellschaftliche Ausdifferenzierung in immer kleinteiligere Gruppen und Gruppeninteressen. Das Problematische daran ist, dass die identitätspolitische Vereinzelung einen gesamtgesellschaftlichen Zusammenhalt zunehmend unterminiert und Aktivisten oft erst spät oder gar nicht bemerken, welchen Kräften die von ihnen vorangetriebene Parzellierung der Interessen in die Hände spielt. Linken Ideen wie gruppenübergreifender Solidarität oder genossenschaftlicher Organisation jedenfalls nicht.

Nicht nur die Klimaaktivisten artikulieren ihre Skepsis gegenüber der real existierenden Demokratie. Der italienische Philosoph Giorgio Agamben sah in den Maßnahmen zur Bekämpfung des Coronavirus einen neuen Faschismus dämmern, und sein französischer Kollege Alain Badiou agitiert seit Jahren gegen die gelebte Demokratie Europas. Auch viele der Gelbwesten in Frankreich lehnten laut und zornig Präsident Macron ab, den sie trotz demokratischer Abstimmung nicht als den ihren akzeptieren wollten. Einige von ihnen hätten am liebsten das ganze System zum Einsturz gebracht wie einst das Ancien Régime – ohne sagen zu können, was danach kommen soll. Von Querdenkern, AfD, der Identitären Bewegung und neurechten Thinktanks ganz zu schweigen. Ihnen ist eine Transformation, wenn nicht gleich eine Zersetzung unserer liberalen Demokratie ein Herzensanliegen. Und blickt man über die bundesdeutschen Grenzen hinaus, etwa nach Polen, so ist der Umbau hin zu einer autoritären Staatsform dort schon einige Schritte weiter. Sehen wir gerade dabei zu, wie die liberale Demokratie auf die Schutthalde der Geschichte befördert wird wie einst die Sowjetunion und die DDR?

Hier sei noch einmal an den bereits zitierten Gedanken von Antonio Gramsci erinnert, demnach die Ursache einer tiefen gesellschaftlichen Krise darin bestehe, dass sich alte Formen der Macht überlebt, neue sich aber noch nicht hinreichend ausgebildet hätten und es in dieser Übergangszeit zu den unterschiedlichsten »Krankheitserscheinungen«[14] komme. Die Symptome, die Gramsci Anfang der 1930er-Jahre am unmittelbarsten spürte, war der italienische Faschismus, der nach Deutschland abstrahlte und den Nationalsozialismus prägte. Aber auch Gramscis politisches Ideal, der Kommunismus, wandelte sich spätestens mit der Machtübernahme Stalins in ein Paradies auf Erden, das der Hölle verdammt ähnlich sah.

Die Symptome unserer Gegenwart – die Destabilisierung der Demokratie und der Rekurs auf neofaschistische oder neoleninistische Lösungen – deuten darauf hin, dass wir uns wieder in einer fragilen Übergangszeit befinden. »Es könnte das geheime Projekt unserer Generation sein«, sagt

Meinel, »das Auseinanderfliegen der demokratischen Strukturen aufzuhalten.«

»Democracy doesn't happen by accident«, erinnerte Joe Biden in seiner Rede bei der Münchner Sicherheitskonferenz 2021. »We have to defend it, fight for it, strengthen it, renew it.«[15] Demokratie geschehe nicht zufällig, wir müssten sie verteidigen, für sie kämpfen, stärken und erneuern. Mit anderen Worten: Sie erfordert stetes Bemühen, das Rollen der Argumente den Berg der Diskussion hinauf, obwohl sie sogleich wieder hinunterzurollen drohen.

Genau das ist eine weitere Zumutung der Demokratie: Wer sie will, muss abweichende Positionen aushalten und sich immer wieder einbringen, muss ein Engagement durchhalten, das nicht nur Unterhaltung und Selbstbezug ist, sondern auch Anstrengung und Niederlage bedeuten kann.

Soweit die schönen Worte. Aber ist der Berghang möglicherweise ein wenig flacher, wenn es um die Argumente und Interessen einer finanzkräftigen Lobby geht? Dürfen ihre Steine eine Abkürzung mit dem Lift nehmen? In der Schweiz wurde im Juni 2021 die Volksabstimmung für eine Erhöhung der CO_2-Preise mit haarfeiner Mehrheit abgelehnt. Zürich sei vollplakatiert gewesen von der Erdöllobby, erzählt mir mein Schweizer Cousin. Auch Kathleen Mar konstatiert: »Es ist offensichtlich, was der richtige Schritt ist, wenn wir das 1,5-Grad-Ziel einhalten wollen: Keine Investitionen und keine Subventionen mehr für fossile Energien. Aber wie man das politisch erreicht, das ist schon schwieriger zu sagen. Die Ölkonzerne haben viel Geld und viel Macht.«

Blickt man auf die Verlagerung globaler sicherheitspolitischer Aktivitäten, könnte sich das Ende der fossilen Brennstoffe schon deutlicher ankündigen, als es aus dem Mund von Politikern zu hören ist, selbst jener, die eine solche Wende herbeibeschwören. Der US-amerikanische Abzug aus Afghanistan hatte zahlreiche Gründe, einer der wichtigsten war aber wohl, dass sich das geopolitische Interesse der USA von den erdölreichen Regionen in den Südpazifik verschoben hat und sich der Blick auf China richtet. Die Bedrohung der Volksrepublik für die USA, aber auch für andere westliche Länder besteht nicht zuletzt darin, dass für die modernen Technologien benötigte Ressourcen wie seltene Erden oder Kobalt von chinesischen Konzernen und der Regierung so weit kontrolliert werden könnten, dass eine einseitige Abhängigkeit des Westens von China entstünde. Die oft entsetzte westliche Berichterstattung über chinesische Investitionen in die Infrastruktur ressourcenreicher afrikanischer Länder mag mit Beschwörungen von Freiheitswerten und Demokratisierung dekoriert sein. Das eigentliche Entsetzen rührt aber womöglich aus der Befürchtung, dass der Wettlauf um die Ressourcen des 21. Jahrhunderts von China bereits gewonnen sein könnte.

Meine Generation ist in der kurzen Phase aufgewachsen, in der sich der Konflikt zwischen den Systemen aufgelöst zu haben schien – mit der Demokratie als Siegerin. Doch das Freund-Feind-Schema kam schneller zurück als gedacht. Unsere Eltern hatten ein Ende des Kalten Krieges wünschen können. Wir hatten das Ende als selbstverständlich erlebt, mussten aber mit der Zeit erkennen, dass bestimmte Strukturen diesen Krieg überdauerten. Die Vermutung lag nahe, dass sie stärker waren als unsere gesellschaftliche Fähigkeit zur Veränderung.

»Either you are with us or you are with the terrorists«, entweder ihr haltet zu uns oder zu den Terroristen. Mit diesen Worten hatte knapp zwanzig Jahre vor Bidens Rede auf der Münchner Sicherheitskonferenz der damalige US-Präsident George W. Bush kurz nach den Anschlägen vom 11. September für den Schutz der freiheitlich demokratischen Weltordnung geworben und zugleich die Rhetorik des Kalten Krieges reaktiviert.[16] Bushs Rede zeigte die Schattenseite einer Verteidigung der Demokratie, die leicht in einen Angriff übergleitet. Unsere Welt ist schließlich nicht nur von Autokratien versehrt, sondern auch von Kriegen im Namen einer vorgeblich allgütigen Demokratie, von Angriffen auf den Irak, Libyen, Vietnam, von Militärgefängnissen wie Abu Ghraib und Guantanamo, von US-gestützten Putschen in Lateinamerika. Ein hegemonialer Anspruch versucht zu bekehren, manchmal mit Zwang. Der liberalen Demokratie ist zum einen das Problem inhärent, dass sie ihre eigenen Gegner nicht verbieten kann und will, dass sie Freiraum erhält selbst für ihre Feinde. Ihr externes Problem ist aber zum anderen diese missionarische Hybris, die sie zu ihrem eigenen Feind macht.

Falsche Freunde

»Wir haben eine Diktatur!«, ruft eine Frau auf der Straße des 18. Juni. »Der Föderalismus wurde abgeschafft!«

Ich bin auf dem Weg zu einem Treffen mit der FDP-Abgeordneten Linda Teuteberg. Die Straße zum Reichstagsgebäude ist mit Metallzäunen abgesperrt, Polizisten weisen Passanten ab. Die Demonstrantin sortiert vor dem Sowjetischen Ehrenmal mit ihren Begleitern Fahnen. Sie wirken wie Althippies, für die Woodstock einmal die Antwort und die Frage der Muff von tausend Jahren war. Leben und leben lassen könnte heute ihre Devise sein, aber etwas gibt ihnen das Gefühl, dass man sie nicht leben lässt, wie sie wollen.

»Diktatur … Zensur … Solche Vorwürfe müssen wir klar zurückweisen«, sagt Linda Teuteberg, die mir in ihrem Bundestagsbüro gegenübersitzt. Über ihr hängt ein Gruppenbild, auf dem ich sie neben Hans-Dietrich Genscher erkenne. »Ich habe erlebt, dass es nicht selbstverständlich ist, wie wir leben. Ich habe gesehen, was es mit Menschen macht, wenn Willkür herrscht und man sich gegen staatliches Handeln vor keinem unabhängigen Gericht wehren kann.«

Ihre Kindheit in der DDR habe sie geprägt, sagt Teuteberg, das forme ihren Blick auf die Gegenwart. »Es gibt Errungenschaften wie die Freiheitsrechte, die historisch erkämpft wurden, und die gilt es zu bewahren. Es ist nicht per

se gut, alles zu verändern. Nicht alles, wo Fortschritt drauf-
steht, bedeutet deshalb auch eine Verbesserung im Dienste
der Freiheit und Würde des einzelnen Menschen.« Dass
nicht alles selbstverständlich gegeben ist und bestimmte
Rechte erst errungen werden mussten, hat so deutlich keiner
meiner in Westdeutschland aufgewachsenen Gesprächspartner geäußert.

Sosehr sich Linda Teuteberg in ihrer politischen Ausrichtung von der SPDlerin Daniela Kolbe und der Linken
Katja Kipping auch unterscheidet, es eint die drei, dass sie
ihre ersten Lebensjahre in der DDR verbrachten und die
Wende aus einer deutlich anderen Perspektive erlebten als
ihre westdeutschen Kollegen. Im Umgang mit ihnen erlebe
ich eine größere Nahbarkeit. Die imaginäre Trennscheibe,
die mich, die Autorin, von der politischen Sphäre trennt,
scheint verschwunden. Teuteberg und Kipping antworten
mir meist selbst auf Mails, was bei den von Büroleitern und
Pressechefs abgeschirmten westdeutschen Politikern kaum
vorstellbar wäre. Vor allem wirkt Gesellschaft veränderlicher,
wenn ich ihnen zuhöre, und das kann Offenheit ebenso bedeuten wie Fragilität, Hoffnung ebenso wie Bedrohung.

Die Straße vor Teutebergs Büro, das Areal hinter der
Polizeiabsperrung, ist verwaist wie auf einem leeren Filmset.
Erst der chaotische Sturm auf den Reichstag im letzten Sommer, dann der gewaltsame Angriff aufs Kapitol – der Schock
darüber, dass Orte der Demokratie zur Zielscheibe wurden,
sitzt noch tief.

»Das heißt nicht, dass es unter einer freiheitlichen Ver-
fassungsordnung kein kritikwürdiges, die Freiheit gefähr-
dendes und Konformität förderndes Verhalten gibt«, fügt
Teuteberg hinzu. »Wenn Menschen unliebsame Meinungen
behandeln, als wären sie nicht mehr im Rahmen der Ver-

fassung, obwohl sie es sind, schadet das letztlich der Akzeptanz der Verfassung. Den schweren Vorwurf der Verfassungsfeindlichkeit dürfen wir nicht instrumentalisieren.«

Diese Instrumentalisierung ist so neu nicht. In seinem Buch *Vertrauensfrage* schreibt der Rechtswissenschaftler Florian Meinel von der doppelten Gefährdung der Verfassung: »Gefährlich ist das aus der Endphase Weimars bekannte Versäumnis, den wirklichen Verfassungsfeind auch als solchen zu benennen und entschieden zu bekämpfen. Gefährlich ist aber auch, unliebsame Gegner allzu umstandslos als Verfassungsfeinde abzuqualifizieren und sich auf diese Weise der schwierigen politischen Auseinandersetzung mit ihnen zu entziehen.«[17]

»Ich höre immer wieder, es gebe zu viel Streit im Parlament«, sagt Teuteberg. »Doch wir haben nicht zu viel, sondern eher zu wenig davon, und zivilisierter Streit ist das Wettbewerbsverfahren der Demokratie. Wenn der Konsens zum Selbstzweck wird, bleibt die Debattenkultur auf der Strecke.«

Es könnte eine Aufgabe unserer Generation sein, die Freude am kultivierten Streit wieder zu lernen und das Verständnis dafür, dass es zwischen bedingungsloser Harmonie und destruktiver Spaltung einen weiten Raum gibt, in dem Gesellschaft ausgehandelt wird und Dissense stehen bleiben können. »Kritisches Denken ist heute nicht mehr selbstverständlich.«, wird Hana Gründler später hierzu ergänzen.

Dass der Angriff auf die Debattenkultur aus unterschiedlichen Richtungen kommt, macht ihn umso brisanter. Der steigende Einfluss von Desinformation und Verschwörungstheorien ist eine der gefährlichsten Entwicklungen der jüngsten Zeit, die durch die sozialen Medien und digitalen Innovationen noch verstärkt wird. Diese Kombination schürt generelles Misstrauen und Verachtung gegenüber demokratischen Institutionen und ist ein mächtiges Mittel zur Destabilisierung unserer Demokratie, zur Manipulation von Wahlen und Meinungen.

Aber auch die Vehemenz von Menschen, die von der Richtigkeit ihrer eigenen, mutmaßlich gerechten Weltsicht überzeugt sind, wie es in der Wokeness-Bewegung und bei den Social Justice Warriors manchmal durchschlägt, erschwert ein gesellschaftliches Gespräch. Auf der einen Seite beanspruchen die Aktivisten für sich eine hohe Verletzlichkeit und ein entsprechendes Schutzbedürfnis, auf der anderen Seite vereinfachen sie mitunter gefährlich, verurteilen abweichende Meinungen oder lehnen sogar Fakten ab, die nicht zum eigenen Weltbild passen[*].

Der Glaube, man selbst habe die Wahrheit gepachtet, ist eine Art der Selbstverführung und wird heikel, wenn man sich nicht mehr ins Verhältnis zu den anderen setzen kann. Dann wird es dogmatisch, manchmal sogar fanatisch.

In unserem Gespräch ist Linda Teuteberg konzentriert und formuliert präzise, ihre Sätze sind druckreif, und eine ihrer Überlegungen werde ich wenig später fast wortgleich in der *NZZ* wiederfinden. Es geht um die Rehabilitierung des Wortes »Ideologie« – Teuteberg wirbt für eine Ideologie des Liberalismus. Ein widersprüchliches Unterfangen, gilt doch der Liberalismus gerade seinen Verteidigern als ideologiefern. Es scheint mir eher wie eine vorauseilende Ab-

---

[*] Ein Beispiel ist der viel diskutierte Streit zwischen der Sussex-Professorin Kathleen Stock und Transgender-Aktivisten, vgl. www.faz.net/aktuell/ feuilleton/debatten/gender-studies-konformismus-im-fall-kathleen-stock-gefordert-17645134.html.

wehr jener Gegner zu sein, die im bösen Neoliberalismus die zerstörerische Ideologie der Gegenwart zu erkennen meinen.

Teuteberg schickt keinen Büromitarbeiter, sondern führt mich selbst durch die verwaisten Gänge des Abgeordnetenhauses zurück zum Ausgang. Dem Klischee einer abgehobenen, in Vorstandsetagen eingepuppten FDPlerin versetzt sie so einen kleinen Kratzer. Kurz tauschen wir uns über Annalena Baerbock aus, die zwei Tage zuvor aus dem grüneninternen Duell um die Kanzlerkandidatur als Siegerin hervorgegangen ist. Meinem Nachhaken, ob die FDP nicht auch einen Habeck bräuchte, jemanden, der Frauen den Vortritt lässt, weicht Teuteberg charmant aus. Dass sie von Spitzenpolitikern Detailkenntnis erwarte, nicht nur intellektuelle Reden, fügt sie mit Blick auf Habeck noch hinzu. Das, was in der Akademikeröffentlichkeit so gut ankommt, Habecks großer Bogen anstelle des Klein-Klein, hat hier in den nüchternen Etagen des Parlamentsbackstages einen spürbar schwächeren Resonanzraum. Es ist wie ein Nachklingen jener uneitlen Sachlichkeit, die sechzehn Jahre lang von Angela Merkel als Kanzlerin personifiziert wurde; es entspricht dem Duktus, der deutsche Politik auf der Weltbühne unverwechselbar machte.

Nach dem Gespräch mit Teuteberg schiebe ich mein Fahrrad an der Spree entlang. Querdenker-Demonstrierende auf ihrem Heimweg kommen mir entgegen, andere halten Stellung in alten VW-Bussen oder vor Kampagnen-Sprintern, rufen mir Warnungen zu, immerhin geschieht hier aus ihrer Sicht etwas Ungeheuerliches, für das als Vergleichsfolie nur die Zerstörung der fragilen Demokratie der Weimarer Republik herhalten kann.

»Über Geschichte versuchen wir, Gegenwart zu erklären

und Zukunft vorherzusehen, das ist so, seitdem Geschichte geschrieben wird«, sagt Hana Gründler, als ich ihr von der Demonstration erzähle. »Bei direkten Analogien übersehen wir leicht, dass die Rahmenbedingungen und Voraussetzungen heute vollkommen andere sind. Wir unterschlagen die Komplexität von Geschichte und von menschlichem Handeln. Was einmal ein Geschichtsbild war, wird so zu einem Geschichtsabziehbild. Natürlich kann man aus der Geschichte lernen, aber was geschieht, wenn wir Geschichte vereinfachen, verharmlosen, missbrauchen oder, wie im Fall der Querdenker, sogar pervertieren?«

Als die 22-jährige Jana aus Kassel sich bei ihrer Rede auf einer Querdenkerdemo im Herbst 2020 für eine neue Sophie Scholl hielt, verstand sie nicht einmal die Anmaßung ihres schiefen Vergleichs. »Zu unserer Generation gehören vermutlich die Letzten in Europa, deren Eltern im Konzentrationslager waren«, darauf wies mich Daniel Kehlmann hin. Dieser Generationenwechsel, der natürlich auch die Seite der Täter betrifft, schwächt trotz aller Erinnerungskultur die gesellschaftliche Fähigkeit, sich ins Verhältnis zur Geschichte zu setzen.

»Es war nie so, dass mein Vater später darüber geschwiegen hätte«, sagte Kehlmann. »Im Gegenteil, er hat mir früh davon erzählt, als ich sechs, sieben Jahre alt war: Wie er verhaftet wurde, wie er dort im Lagerhof stand und die Wärter gingen mit Hunden vorbei. Der Kommandant blieb vor ihm stehen und sagte: Du da, du kommst hier nicht lebend raus. Einfach, weil er größer war als die anderen.«

Können die Zeitzeugen nicht mehr berichten und fehlen sie als Teil des vertrauten Umfelds, folgt ein Verlust an direkter geschichtlicher Erfahrung. Nicht nur das Verständnis, das vor dem Zivilisationsbruch immer zum Teil versagt hat, geht weiter verloren, sondern peu à peu auch Angemessenheit und Respekt, mit denen wir unsere Gegenwart in Bezug zur Vergangenheit setzen.

»Nach wie vor gibt es die einfache Tatsache, daß auch die Nachgeborenen in einer Lebensform aufgewachsen sind, in der *das* möglich war«, schrieb Jürgen Habermas 2004.[18] Das wird für jede folgende Generation wahr bleiben, auch für die von Jana, aber bleibt es im Bewusstsein? Die Geschichte lehrt – aber eben nicht nur die Geschichte an sich, könnte man hinzufügen, sondern die Geschichte, wie sie durch die Missverständnisse der Gegenwart ausgemalt wird.

Sisyphos' Berg

Die Akropolis thront hell und erhaben über der Stadt, antikes Wahrzeichen der attischen Demokratie und des einstigen Wohlstands. Neun Wochen bleiben bis zur Bundestagswahl, als ich am Hafen von Piräus auf das Ablegen meiner Fähre warte. Der Hafenbezirk mit den riesigen Kreuzfahrt- und Containerschiffen, den folkloristischen Touristenlokalen und feuchten Fischmarktständen ist dagegen der Ort, der für die heutige europäische Demokratie steht – und für ihre Schwierigkeiten.

Als die Eurozone während der Finanzkrise und des drohenden griechischen Staatsbankrotts zu zerbrechen drohte, die Troika ihren Druck auf die griechische Regierung erhöhte und zu Staatseinnahmen durch Privatisierung drängte, nutzte China die Chance und pachtete über das staatseigene Unternehmen Cosco 51 Prozent des Containerhafens zu einem Schnäppchenpreis. Heute ist der Hafen von Piräus der größte im Mittelmeerraum, gewachsen durch Chinas Einfluss, und Chinas Einfluss im Mittelmeerraum ist durch ihn größer denn je.

In einer Woche werden die Temperaturen hier auf über 40 Grad steigen, das Umland wird von Wald- und Buschbränden versehrt werden, das Stromnetz wird überlastet sein, Menschen werden fliehen. Noch ist es mit dem schwachen Wind vom Meer erträglich. Vor der Akropolis misst man den Besuchern Fieber, denn auch die antiken Götter schützen nicht vor den modernen Pandemien. In Westdeutschland geht derweil das Hochwasser im Ahrtal langsam zurück, legt die verschlammten und verschütteten Relikte menschlichen Lebens des frühen 21. Jahrhunderts frei. Solche Bilder der Verwüstung sind in den letzten Jahren nah an uns gerückt. Es ist ernst, und um das zu begreifen, brauchen wir kein Abstraktionsvermögen mehr. Wir merken es jeden Tag, auch in Europa.

Während ich an Deck einer Fähre auf die Lkw blicke, die wie riesige Echsen in den Schiffsbauch kriechen, steigt die Zahl der Flutopfer in Westdeutschland weiter an. Über Kreta, dem Ziel meiner Reise, schießen Kampfflieger durch den Himmel, die Grenze zur Türkei ist nah, das Verhältnis der beiden NATO-Partner angespannt. Um halb zehn am Abend legt die Fähre ab. Tief und rötlich hängt der Vollmond über Athen. Aus dem geschützten Hafen zieht das Schiff hinaus aufs Mittelmeer. Ebendieses Mittelmeer ist schon lange nicht mehr nur Inbegriff unbeschwerten Sommerurlaubs und pittoresker Buchten, sondern jene Grenze, die es Europa nicht zu schützen gelingt, ohne an die Grenzen der eigenen Werte zu stoßen – der Menschenrechte, die in den Lagern zur hohlen, wenn nicht höhnischen Phrase werden – und ohne sich innerlich immer weiter zu zerstreiten in der Frage, wann das Gastrecht erschöpft ist.

Das kulturelle Europa kann man sich als Sedimentschichten aus Mythen und Geschichten vorstellen, die sich überlagern, widersprechen, aber auch gegenseitig stützen, aus Erzählungen, die sich bis heute ergänzen und ins Wort fallen. Schon in archaischen Zeiten wollte man so das Schicksal überlisten, wie es König Sisyphos versuchte, der unweit meiner Reiseroute in Korinth geherrscht haben soll.

Eine Variante seines Mythos erzählt von einem hochmütigen Mann, dem es immer wieder gelang, den Herrscher des Hades geschickt auszutricksen und dem Totenreich zu entkommen. Sisyphos wollte sich über das Unausweichliche, den Tod, erheben. Zur Strafe wurde er schließlich dazu verdammt, einen schweren Stein einen Berg hinaufzustemmen, der, ehe Sisyphos den Gipfel erreichte, immer wieder hinabrollte.

Während in der klassischen Darstellung der Blick vor allem auf den sich abmühenden, den Berg hinaufkämpfenden Sisyphos gerichtet ist, fragte der existentialistische Schriftsteller Albert Camus nach der Zeit, in der Sisyphos den Berg hinabsteigt. Bei Camus erkennt Sisyphos just dann die Absurdität seines Daseins. In der Weltsicht des Schriftstellers sollen wir uns Sisyphos als einen glücklichen Menschen vorstellen, denn in der Absurdität liegt auch ein Moment der Freiheit. Camus schrieb seinen Text vom Mythos des Sisyphos mitten im Zweiten Weltkrieg, in einer Zeit des Entsetzens über das, was geschah, was möglich war, in einer Zeit, in der die Katastrophe sich Stück für Stück deutlicher zeigte.

Würden wir den Mythos heute erzählen, stünden Sisyphos und seine Untertanen vor einem unausweichlich bevorstehenden Unheil, das die Menschen lähmt und keinen Moment der Freiheit mehr bereitzuhalten scheint. Die Korinther sähen apathisch dem sich nähernden Untergang entgegen. Nur Sisyphos in seinem Glauben, klüger zu sein als der Tod, ist noch zum Handeln in der Lage. Doch auch der Sisyphos des 21. Jahrhunderts bleibt hochmütig und entgeht der Strafe nicht. Zwischen der Apathie der Korinther und der Selbstüberschätzung des Sisyphos bewegt sich die Politik des frühen 21. Jahrhunderts mit all ihren Schwierigkeiten. Was aber wäre ein gangbarer Weg zwischen diesen so gegensätzlichen Polen?

Vielleicht lohnt es sich zu überlegen, wie wohl ein spätmoderner, westlicher Sisyphos heute mit seiner Strafe umginge. Ich stelle mir vor, dass er, anders als zu Camus' Zeiten, nicht mehr die Absurdität seines Daseins erkennt, sondern sich mit einer ständigen Gier nach Aufmerksamkeit ablenkt. Er kennt keine Transzendenz mehr, doch anders als der absurde Mensch leidet er nicht mehr daran, dass die Orientierung durch einen Gott verloren ist, denn er hat sich ja selbst im Hier und Jetzt zum Mittelpunkt der Schöpfung erhoben. Er redet sich ein, Sinn generieren zu können durch die Optimierung des eigenen Lebens, die er auch in der Unterwelt noch fortführt, und Bedeutung stiftet für ihn weniger die Handlung an sich, sondern ihre Verbreitung, die scheinbare Anteilnahme von möglichst vielen anderen. Den Blick verengt er so sehr auf sein eigenes Sein, dass er weder die Umstände, in denen er gefangen ist, noch das Kommende sieht.

Dadurch aber vergibt er sich eben jene Handlungsoption, die für Camus am Ende noch bleibt: die Revolte. Können wir uns diesen Sisyphos als glücklichen Menschen vorstellen?

Gastfreundschaft

Im Griechischen bedeutet *xenos* sowohl »Fremder« als auch »Gast«, ein schönes Wort eigentlich, an dem man die ganze Theorie der Gastfreundschaft ablesen könnte, die die europäische Kultur und Philosophie ausgebildet hat. Leider ist es bezeichnend, dass wir das Wort oft nur noch als Teil von »Xenophobie« kennen, der Fremdenfeindlichkeit, die wir auch Gastfeindlichkeit nennen könnten. Die Flüchtlingslager auf Lesbos sind die brutale Zurschaustellung dieser Haltung, inszeniert mit Menschen, die sich diese Situation nicht ausgesucht haben.

Marie von Manteuffel ist politische Referentin für Migration und Flucht bei *Ärzte ohne Grenzen*, kurz vor dem ersten Lockdown besuchte sie noch das griechische Flüchtlingslager Moria. Wenige Tage nach ihrer Rückkehr saßen wir in einem Lokal in Berlin-Mitte zwischen Böll-Stiftung und FDP-Zentrale, und sie erzählte davon, dass sie nicht mehr davon erzählen könne. Seit sie zurück sei, habe sie unaufhörlich erzählen müssen, Kollegen, Freunden, Anne Will. Aber natürlich könne sie das, was sie dort gesehen habe, noch in Worte fassen: Menschenunwürdig, die Hygienebedingungen desaströs, keine ausreichende medizinische Versorgung, Kinder verlören den Lebenswillen – all das von der Europäischen Union mit ihren wohlfeilen Menschenrechten initiiert, eine politisch gewollte Lagersituation.

»Was von Anfang an klare Priorität sein muss«, sagt sie, als sie ein Jahr später bei mir im Wohnzimmer sitzt, »das ist eine menschenwürdige Behandlung: medizinische Versorgung, akzeptable Unterbringung, eine anständige Ernährung und Rechtsbeistand. Die Menschen dürfen nicht allein schon krank werden aufgrund der Lebensumstände. Das ist aber aktuell oft der Fall.«

Seit dem Lockdown in Mitteleuropa im Frühjahr 2020 war die Situation der Flüchtlinge noch weiter aus dem Blick der Öffentlichkeit geraten. Lediglich die neue Sensibilisierung für Krankheitsherde, ausgerechnet die Angst, dass in diesen Lagern allzu leicht ein neuer Superspreader die Inzidenzzahlen in die Höhe treiben könnte, bot eine gewisse Chance, für die Geflüchteten Lobbyarbeit zu betreiben. Ein Gehakel und Gefeilsche mit dem deutschen Innenministerium um Zahlen, die angesichts der überfüllten Lager lächerlich wirkten, Zahlen, hinter denen auch Kinder standen, die auf medizinische Versorgung dringend angewiesen waren. Es würde noch einen Brand in Moria brauchen, um im September die Bundesregierung dazu zu bewegen, 400 weitere Menschen aus der tolerierten Notlage herauszuholen.

Verantwortlich für den desaströsen Zustand in den Flüchtlingslagern möchte niemand sein. »Spricht man mit der griechischen Regierung, wird einem gesagt: ›Wir werden hier vergessen und alleingelassen‹«, erklärt Manteuffel. »Fragt man die EU-Kommission, heißt es: ›Wir schicken doch Geld ohne Ende. Wie kann es sein, dass die Menschen Essen mit Maden bekommen und nach fünf Jahren immer noch keine Toiletten aufgebaut sind?‹ Dann geht man zur Bundesregierung, die sagt: ›Wir können hier überhaupt nichts entscheiden, das ist eine europäische Gemeinschaftsverantwortung.‹ Dieses Zuständigkeitschaos ermöglicht es, sich jeweils hintereinander zu verstecken.«

Chaos und Widersprüchlichkeit beschränken sich aber nicht allein auf die Zustände auf Lesbos, sondern ziehen sich als roter Faden durch das gegenwärtige Desaster europäischer Migrationspolitik. »In der EU ist das Asylrecht nicht harmonisiert, es herrscht eine regelrechte Kakofonie der Kriterien und Anwendungen, und das in einer Situation, in der täglich weiterhin viele Menschen ankommen.« Was das bedeutet, erklärt Manteuffel am Schicksal einer Afghanin, die Asyl in der EU sucht. Ihr Weg wird deutlich schlechter verlaufen, wenn ihr ein rumänischer Beamter gegenübersitzt und nicht dessen niederländischer Kollege. So wird Asylrecht vom Regelwerk zum Glücksspiel.

Manteuffel leitet ihre Forderungen aus der Praxis von *Ärzte ohne Grenzen* ab, um den Entscheidungsträgern in der Politik zu vermitteln, in welcher Weise ihr politischer Kurs sich unmittelbar auf die medizinisch-humanitäre Lage in der EU und weltweit auswirkt.

»Es wäre eigentlich wichtig, auch über Herkunfts- und Transitländer wie den Tschad oder Südsudan zu sprechen«, sagt sie. »De facto komme ich aber über die europäische Migrations- und Fluchtpolitik in den Gesprächen nicht hinaus. Es ist schlicht eine Kapazitätsfrage. Aktuell wird der Kern der Genfer Flüchtlingskonvention, das *Non refoulement*, die Nichtzurückweisung, ständig untergraben und verletzt, und das finanziert mit europäischen Steuergeldern. Der Diskurs verschiebt sich Richtung Abschottung und Abschreckung. Daher ist es so notwendig, wenigstens im europäischen Raum aufzuzeigen, wie fatal die unmittelbaren Folgen dieser Politik sind, und zwar aus rein medizinisch-humanitärer Sicht.«

Ein Problem sieht Manteuffel zudem im sogenannten EU-Türkei-Deal, der 2016 möglichst pragmatisch eine chaotische und heikle Situation entspannen und auch von innenpolitischem Druck entlasten sollte.* Doch die Versorgungssituation auf den griechischen Inseln wurde mit der Zeit zunehmend katastrophal. Anders als 2015 blieben die Menschen dort nicht mehr bloß ein paar Wochen, sondern Monate, wenn nicht Jahre.

»Was 2015 schlimm war, das war die heillose Überforderung und das daraus folgende Chaos«, sagt Manteuffel. »Was heute schlimm ist, ist die Chronifizierung der Situation. Die Entscheidungsträger sind sich aber nicht zu schade, ununterbrochen von den europäischen Werten zu sprechen und sich moralisch über alle anderen Teile der Welt zu erheben. Man spielt sich als Hüter von Werten auf, die in eklatantem Ausmaß und für jeden sichtbar mit Füßen getreten werden.«

Paul Ziemiak begrüßt mich mit Coronafaust und deutet auf meinen Sitz. Das sei der Stuhl der Kanzlerin, erklärt er mir. Guter Gesprächseinstieg, denke ich, und vermutlich eingespielt, immerhin war dieser Platz mit Wasserglas und Kaffeetasse gedeckt. Nichts unterscheidet ihn von den anderen Stühlen im Raum, weder ist er abgenutzter noch besser gepflegt und auch nicht wie einst in der Kohl-Zeit durch Überdimensionierung klarer Ausdruck eines Machtanspruchs. Dennoch fühle ich mich ein wenig erhöht. Der Referent fährt die Jalousien hoch, was den Konferenzraum

---

* Ein Deal im Sinne eines Rechtsakts ist er nicht – und damit auch nicht justiziabel.

des Konrad-Adenauer-Hauses nur wenig heller macht. Draußen zeigt sich verregneter Berliner Himmel.

Seit Ende 2018 ist Ziemiak Generalsekretär der CDU, und er verkörpert Konservativismus in seiner ganzen Erscheinung. Mit 35 Jahren ist er einer meiner jüngsten Gesprächspartner und wirkt auf mich doch älter als die meisten. Scheinbares und gesetztes Alter fallen aber nicht so schrill auseinander wie bei Philipp Amthor, insgesamt macht Ziemiak einen stimmigen, etwas überkontrollierten Eindruck auf mich. Die Kontrolliertheit zeigte sich schon im Vorgespräch. Sein Referent wollte freundlich, aber doch sehr genau wissen, was ich vorhätte, wie das Gespräch verlaufen, wie viele Zeichen ich über seinen Chef schreiben würde.

Bloß nichts falsch machen! Das ist vermutlich ein Leitsatz unserer Generation. In einer Zeit der medialen Dauersichtbarkeit kann jeder kleine Fehltritt zum Fall führen, was die stolpernde Annalena Baerbock im Wahlkampf par excellence vorführt ebenso wie Ziemiaks Parteikollege Armin Laschet. Demokratische Politiker sind zwar seit jeher dem Beobachtungsdruck durch Medien und Zivilgesellschaft ausgesetzt, was bis zu einem gewissen Grad auch berechtigt ist. Nur hat sich der Druck durch die sozialen Medien und selbst durch gut gemeinte Transparenzplattformen wie *abgeordnetenwatch.de* so potenziert, dass unbefangenes Sprechen eigentlich nicht mehr möglich ist. Wie gesund die Dynamik noch ist, wenn jedes scheinbar ins Off gesprochene Wort gleich zum Skandal werden kann, mag jeder selbst beantworten.

Ziemiak beginnt das Gespräch auf halbwegs sicherem Terrain, bei seiner Herkunft, über die er eine gesellschaftliche Erzählung von gelungener Integration, Familienwerten und den Grenzen der Aufnahmefähigkeit unseres Landes aufspannt. Im Alter von drei Jahren kam er mit seinen Eltern und seinem Bruder aus Polen nach Deutschland. In einem Heim für Aussiedler, Asylbewerber und Umsiedler aus der DDR verbrachte die Familie die erste Zeit, danach wohnte sie länger in einer Notwohnung, zu viert in einem Zimmer, kein eigenes Bad, die Toilette auf dem Flur, aus dem Hahn lief nur kaltes Wasser, die Dusche war im Keller. Sein bester Freund lebte in der Asylantenunterkunft nebenan. Dort habe es auch Abschiebungen gegeben. Ziemiak erinnert sich an die Polizeihunde im Hof, die er und sein Bruder vom Fenster aus sahen. »Aber wir fühlten uns sicher, bei den eigenen Eltern geborgen«, sagt er.

Eine unbelastete Kindheit, so jedenfalls nennt Ziemiak sie, die Zeit in dem Hochhaus; neunzig Prozent der Bewohner, schätzt er, kamen wie seine Familie aus Polen. »Die Leute waren nicht ausgeschlossen, sie gingen morgens zur Arbeit, sie waren Teil der Gesellschaft.« Er hörte mit seinen Freundinnen Kelly Family und spielte mit den Nachbarskindern in den anderen Hochhäusern. Er habe sich damals nicht beengt, nicht unwohl gefühlt, es gehe Kindern ja nicht um Reichtum, sondern um Stabilität, um eine feste Bindung zu den Bezugspersonen.

Das erste Mal zurück nach Polen fuhr die Familie irgendwann vor der Deutschen Einheit in einem alten Passat Kombi, einem ockerfarbenen 70er-Jahre-Modell mit dreieckigen Blinkern. Polen gehöre ja nicht zu Europa, habe er damals gedacht, doch sein Bruder berichtigte: nicht zur EU, zu Europa schon. Ein kindliches Missverständnis, das aber womöglich auch etwas erzählt über die Sichtbarkeit und Wahrnehmung des östlichen Europa in den 90er-Jahren und über dieses Jahrzehnt hinaus. Das lange Warten an der

Grenze sei für ihn als Kind spannend gewesen, sagt Ziemiak, ein Abenteuer bis spät in den Abend hinein. Für seine Eltern war die Grenzerfahrung vor ihrer einstigen Heimat vor allem anstrengend, ob dies nun an den prüfenden Beamten oder an den beiden aufgedrehten Kindern auf der Rückbank lag.

Eine glückliche, sichere Kindheit, so will Ziemiak es erzählen. Aber war es wirklich so? »Kindheitserinnerungen«, sagt Ziemiak selbst, »verschwimmen ja, bestehen aus dem, was einem erzählt wird, aus den Fotos, die man sieht, und aus den Flicken dazwischen, die wirklich Erinnerungen sind.« Vielleicht kann man es im Nachhinein nicht mehr sagen. Vielleicht ist das Verschwimmen etwas, auf das man sich einlassen muss, wenn man über Erinnerung redet.

Dass etwas in seiner Familie anders war, dass es dieses »Migrationsmerkmal« gab, sei ihm erst mit der Zeit bewusst geworden. Seine Eltern sprachen nicht so gut Deutsch, waren unruhig, wenn es eine Besprechung mit der Lehrerin gab. »Meine Eltern konnten etwas nicht, was andere können«, so fasst er zusammen, was andere Migrationserfahrung nennen. Auch Polenwitze musste er sich anhören. »Aber ich will es nicht dramatisieren.«

Ziemiak ist bemüht, ein harmonisches Bild von Migration zu zeichnen, von Chancen und Integrationsfähigkeit. Das ist natürlich nicht nur eine private Geschichte, sondern auch eine Geschichte der Asylpolitik seiner Partei. Die SPD-Politikerin Sawsan Chebli erzählt von ihrer eigenen, weit weniger freundlichen Migrationserfahrung. Ihre Eltern kamen 1970 als palästinensische Geflüchtete aus dem Libanon nach Deutschland, wo sie jahrelang nur geduldet, nicht anerkannt wurden. Chebli erinnert sich an Gänge zur Ausländerbehörde früh morgens in der Dämmerung und daran, wie ihr Vater in Abschiebehaft kam. Bis zu ihrem fünfzehnten Lebensjahr war sie staatenlos, besaß keinen Pass, durfte nicht reisen, sie und ihre Familie lebten in Armut. »Ich möchte nie wieder so abhängig von Ämtern sein«, sagt sie heute.

»In meiner Jugend war der einzige Kontakt zu Migranten der Fußballverein«, erzählt Benjamin Zeeb. »Die Leute waren meistens bildungsferner, rauer, weniger privilegiert. Niemand von uns anderen hat sich drum gekümmert, auf welche Schulen sie gehen. Rückblickend würde ich sagen: Kohl hat das Thema damals zu leicht genommen. Heute hat sich das Prekariat vergrößert. Es gibt Abstiegsbiografien, bei denen man schon früh sehen kann, was kommt: von wenig zu immer weniger.«

Migrationsgeschichten haben verschiedene Dimensionen: Bildung, familiärer Zusammenhalt, soziale Teilhabe. Darauf will Paul Ziemiak hinaus, und es ist ihm wichtig, Migration nicht larmoyant zu erzählen, sondern als Geschichte der Dazugehörigkeit, wenn man sich denn um die Dazugehörigkeit bemüht. »Es geht darum, die verbindenden Elemente zu stärken, nicht das, was uns unterscheidet«, sagt er, und dann erzählt er doch noch von dem Lackmustest, an dem auch er damals gemerkt habe, dass er immer noch »nicht ganz« dazugehört. Es war die Frage nach seinem liebsten Fußballteam. »Wenn Deutschland und Polen im Endspiel wären, für wen wärst du?« Dabei, so Ziemiak, sei die Frage eben so einfach nicht zu beantworten, mit einer reinen Zugehörigkeit. Er wisse doch, wie viel es den Polen bedeuten würde, wenn sie, so unwahrscheinlich es ist, auch mal in ein Endspiel kämen. Gleichzeitig müsse er sich doch eher für die deutsche Nationalmannschaft freuen, vor allem, weil sie das Land und die Gesellschaft repräsentiert, in der er aufgewachsen ist und lebt.

Identitäten können sich widersprechen, das lässt sich sogar ohne migrationspolitische Hintergedanken feststellen. »Diesen Widerspruch auszuhalten scheint vielen zunehmend schwerzufallen«, meint Ziemiak. »Gerade in der Identitätspolitik wird nach Eindeutigkeit gesucht. Auch in der Migrationsfrage verhärten sich die Fronten. Die AfD will möglichst überhaupt niemanden nach Deutschland lassen – aufseiten der Linken wird zu häufig moralisch argumentiert.«

Alles, was Ziemiak mir über seine Familie, über gelingende Integration, Familienzusammenhalt und Demut erzählt hat, wirkt auf mich wie seine Kernbotschaft. Den Erfolg von Migration, so könnte man es zusammenfassen, haben am Ende die Menschen zu verantworten, die herkommen, und das Misslingen von Migration ebenfalls. Merkels Flüchtlingspolitik, die Ziemiak öffentlich immer wieder kritisiert hat, ist nicht seine Antwort. Nach dem Abzug aus Afghanistan wird er einer der Unionspolitiker sein, der davor warnt, 2015 dürfe sich nicht wiederholen. Gemeint ist damit Merkels Flüchtlingspoltik.[19] Das klingt, als wolle Ziemiak sich und die CDU von einem Erbe loseisen, das zu so etwas wie der Agenda 2010 der CDU geworden ist: eine folgenreiche politische Entscheidung jenseits des gewohnten Kurses der Partei. Eine Gratwanderung, von der man sich innerparteilich nun möglichst deutlich distanzieren will, um das Parteiprofil wieder zu glätten. Dass Ziemiak in Bezug auf Identitäten ihre natürliche Widersprüchlichkeit betonte, scheint hier auf einmal nicht mehr erwünscht zu sein.

Klassenfrage

»Wenn du bei mir im Viertel bei Netto einkaufen gehst, siehst du, wie wenig Geld die Menschen haben«, sagt Hana Gründler. »Natürlich, die Klimafrage ist zentral, ohne Zweifel, sie wird langfristig über unsere Existenz entscheiden. Aber wer sich ein grünes Bewusstsein leisten kann, das ist eben auch eine Klassenfrage.«

Durch Gründlers tschechische Mutter sind für sie die Diktaturen des ehemaligen Ostblocks Teil ihres Forschungsinteresses geworden, die anschaulich zeigten, wie der Sozialismus fehlgehen konnte. Es können aber auch die westlichen Industriestaaten in eine Falle tappen, wenn sie glauben, die soziale Frage sei mit 1989 abgehakt.

»Über Klassismus wird in Deutschland so gut wie nicht gesprochen«, meint sie. Dabei hat die soziale Durchlässigkeit der Bundesrepublik abgenommen, und das Versprechen vom Aufstieg wirkt inzwischen so gestrig wie ein Heinz-Rühmann-Film. Sieht man sich unsere Generation an, ist sie in den oberen Etagen weit weniger klassenübergreifend, als es noch die Schröder-Fischer-Generation war, und wer durch den Klimawandel weiter ausgeschlossen wird, ist schon jetzt absehbar.

»Paradoxerweise ist die Klassenfrage im Moment aktueller denn je, trotzdem ist sie vielen nicht bewusst«, sagt Gründler. Das könne mit Verdrängung zu tun haben, denn was verlange mehr Arbeit und Selbstkritik von uns ab: Klima oder Klasse? »Es ist die Klassenfrage. Da geht es letztlich um den unmittelbaren Verlust von Privilegien, es geht um unangenehme Fragen. Wenn wir die aber nicht zulassen, fliegt uns die Gesellschaft um die Ohren. Nehmen wir Frankreich: An den Regionalwahlen 2021 nahm nur ein Drittel der Wahlberechtigten teil, ein historisch niedriger Stand. Die weniger Privilegierten sehen keinen Sinn mehr darin, wählen zu gehen.« Langfristig wird das nicht nur die Klassenfrage, sondern auch die Klimafrage verschärfen. Denn gesellschaftliche Instabilität spielt Autokraten von Trump bis Bolsonaro in die Hände, und die sind nicht für entschiedenen Klimaschutz bekannt.

Klima und Klasse – die beiden Konflikte lassen sich ohnehin nicht getrennt voneinander denken. Wenn die Politik das 1,5-Grad-Ziel verfehlt, und alles deutet derzeit darauf hin, dass sie es verfehlen wird, dürfte die Welt nicht sofort untergehen. Zumindest nicht für alle. Die Wohlhabenden können sich in einer semiheilen Welt absondern, während die Ärmeren schon heute überproportional für die Folgen des Klimawandels zahlen müssen, und das eben nicht nur über die auslaufende EEG-Umlage.

»Das größte Problem ist, dass die gesellschaftliche Spaltung viel tiefer wird«, sagt auch die Atmosphärenforscherin Kathleen Mar. »Die reichen Länder haben die Ressourcen, um sich dem Klimawandel anzupassen, Schutzwände an der Küste zu bauen, Warnsysteme zu entwickeln. Im globalen Süden, wo die Folgen noch schwerer sein werden, gibt es nicht die Ressourcen, um sich anzupassen. Ein Teil des Problems ist auch, dass wir weniger Mitgefühl aufbringen, je weiter Menschen von uns entfernt sind.«

Sieht man in unser Nachbarland Frankreich, zeigt die

dortige Gelbwestenbewegung, wie sich Klasse und Klima gegeneinander ausspielen lassen. Die Bewegung war erstmals auf die Verkehrskreisel des Landes gezogen, nachdem die Benzinpreise innerhalb von drei Jahren um fünfzig Prozent gestiegen waren, in einer Zeit zudem, in der Wirtschaftsreformen viele Arbeitnehmer ohnehin belasteten.[20] Gerade Menschen im ländlichen Raum, die auf ihr Auto angewiesen waren, um zur Arbeit zu kommen, traf diese Doppelbelastung schwer, und entsprechend wuchs die Wut auf die unerreichbare Pariser Elite. Die französische Hauptstadt ist bekannt für ihre fast schon feudalistisch festen Klassenstrukturen, aber auch in Deutschland bestimmt allzu oft die Geburtenlotterie, welchen Platz ein Mensch in der Gesellschaft überhaupt erreichen kann.

»Was bringen schöne Worte von deliberativer Demokratie, von Teilhabe, Eigenverantwortung und Engagement«, fragt Gründler, »wenn man Kieze hat, in denen die unterbesetzte Kita der Einstieg ist in ein Bildungsdesaster, das mit uneinholbaren Lerndefiziten und Schulabbruch endet?« Und vielleicht, denke ich, ist das sogar politisch gewollt, ob bewusst oder unbewusst. Denn solange Menschen durch mangelnde Bildung an selbstbewusster Beteiligung in demokratischen Prozessen gehindert werden, muss man sie und ihre Forderungen auch nicht fürchten. Sie sind die Gruppe, die man übersehen kann, da sie ihre politischen Forderungen nicht artikuliert oder sogar den Wahlen fernbleibt.

Gründler selbst wohnt in einem migrantisch geprägten, sozial schwachen Viertel in Düsseldorf. In ihrer Nachbarschaft saßen viele Menschen während des Lockdowns auf engstem Raum fest. Das eine Handy reichte nicht für den Unterricht von vier Kindern, die Eltern mussten arbeiten gehen und sprachen ohnehin nicht genügend Deutsch, um bei den Hausaufgaben zu helfen. »Corona hat die Situation dort noch verschärft, und das wird weitergehen. Einige denken, sie hätten es überstanden, aber viele Kündigungen werden noch kommen. Wir stecken in einem neoliberalen System, in dem sich die Privilegierten leisten können, Homeoffice zu machen, die anderen haben das Nachsehen.«

»Die von Fridays for Future kommen halt aus Blankenese«[*], sagt Christian Baron etwas schnippisch im Interview zu mir. Der Hamburger Elbvorort als Bild für die schwer zu durchdringende Klassengesellschaft Deutschlands lebt weiter, und die Menschen von dort haben wie zu meiner Schulzeit immer noch mehr zu sagen als andere. Jene, die schon im antiautoritären Kinderladen wussten, dass sie bestimmen dürfen, bestimmen noch heute den Diskurs, ob mit fünfzig oder Mitte zwanzig. Nicht mehr nur mit monetärer, sondern auch mit moralischer Überlegenheit lassen sie alle nach ihrer Pfeife tanzen.

Der Schriftsteller und Journalist Baron ist selbst in einer Familie aufgewachsen, die man heute als »abgehängt« bezeichnen würde, um zu kaschieren, dass es in unserer Gesellschaft Menschen gibt, die gar nicht abgehängt werden können, weil sie nie mitgenommen wurden. Barons Vater war Möbelpacker, seine Mutter Hausfrau und Mutter von vier Kindern, Geld existierte als anhaltender Mangel.

»Es gibt relative Armut in unserer Gesellschaft, aber sie

---

[*] Was genau genommen nicht ganz stimmt: Luisa Neubauer wuchs im Nachbarviertel Hamburg-Iserbrook auf, ihre Cousine Carla Reemtsma im wohlhabenden Steglitz-Zehlendorf in Berlin. Als soziale Brennpunkte kann man aber beide Viertel in der Tat schwerlich bezeichnen.

wird einfach nicht thematisiert«, sagt Baron. »Dass es soziale Rechte gibt, heißt noch nicht, dass die Betroffenen sie auch wahrnehmen. Es gibt stigmatisierende Rechte, die Stütze zum Beispiel, für die sich viele Leute schämen. Die Scham kann größer sein als die Not. Wir haben als Kinder manchmal gehungert, weil nicht genug Geld für Essen da war. Zugleich war mein Vater durstig nach Anerkennung, die ihm die Gesellschaft verweigert hat. Anerkennung macht nicht satt, aber glücklich. Damit kann man manchen Mangel besser ertragen.«

Oskar Lafontaine war in den 90er-Jahren Barons Hoffnungsfigur, und von der Wahl 1998 erwartete er sich viel. Was passierte danach? Die Gewerkschaften wurden marginalisiert, und die SPD neoliberalisierte sich, so beschreibt es Baron. Als sich Lafontaine mit der WASG von Schröder emanzipierte und einen eigenen, linkeren Weg einschlug, wechselte auch Baron. Das sei einer der politisch erhebendsten Momente für ihn gewesen, sagt er. Die WASG fusionierte mit der PDS zur Partei Die Linke. Baron gründete eine Linken-Studentengruppe, das politische Engagement erfüllte ihn damals. Rückblickend wirft er sich vor, im Kleinen den gleichen Fehler gemacht zu haben wie fast die gesamte Linke: Ihm ging der Bezug zu den einfachen Leuten verloren. Er kam gar nicht auf die Idee, auch Auszubildende mit ins Boot zu holen. Abends traf er sich mit Bekannten in der Studentenkneipe, die Eckkneipe der Arbeiter lag direkt gegenüber, aber die betrat er nie. »Obwohl ich selbst betroffen war, hielt ich mich für was Besseres«, erklärt er. »Klassenflüchtling« nennt er sich für diese Zeit.

Die Coronakrise führte die Tatsache, dass Deutschland letztlich eine Klassengesellschaft ist, noch einmal deutlich vor Augen. Es kam zur klassischen Reaktion der Linken, meint Baron. Sie stritt ab, dass auch ethnische Aspekte eine Rolle spielten, anstatt, wie er es richtig gefunden hätte, »Kampf gegen Rassismus und Klassenkampf« zusammenzudenken. Stattdessen verstärkten Wohlstandslinke die Segregation der sozialen Milieus nur noch weiter. Wenn sie von Migranten als neuem revolutionären Subjekt sprächen, löse das bei ihm Unbehagen aus. »Das ist ein neues paternalistisches Sprechen für andere«, sagt er. Der klassischen Arbeiterschicht böten die Linken nicht mehr viel an, blickten teilweise sogar auf sie herab und würfen ihr rechte Ansichten vor. Tatsächlich sehe auch ich keine überzeugende sozialdemokratische Idee, die, anstatt zwischen identitätspolitischer Aktualität und überlebter Stammklientel hin und her zu lavieren, den neuen Lebensrealitäten der heute prekär Beschäftigten Rechnung trägt, die sich oft jenseits von Festanstellung, Gewerkschaft und Klassenzusammenhalt in unsicheren und parzellierten Arbeitsverhältnissen verdingen.

»In der politischen Linken denken viele, dass Arbeiter und prekär Beschäftigte eine linke Grundhaltung haben müssen«, sagt die SPD-Politikerin Daniela Kolbe. »Aber warum sollten sie? Die Rechten haben ein einfaches Narrativ: Wir beschützen dich vor den bösen Eliten. Es gibt keinen Klimawandel. Wir wollen keine Migration, keine Stromtrassen, keine Energiewende, keine Veränderung. Wir beschützen euch davor. Dass auch die Rechten das nicht können, wissen die Leute im Grunde selbst, aber die Rechten sprechen ihnen aus dem Herzen.«

Daniela Kolbe lebt in der Leipziger Südvorstadt, einer heilen Welt, wie sie sagt, in der es einen Grundkonsens gibt, dass Vielfalt etwas Positives ist. Im Umland kennt sie dagegen Gemeinden, in denen man sich einen starken Mann wünscht, nicht immer nur Gerede und Regenbogen. »Wie soll für die Arbeiterschicht eine gute Zukunft aussehen? Wenn die Leute eine Zukunftserzählung hören, die sie überzeugt, dann werden sie auch nichts gegen LGBTQ-Rechte haben. Aber als alleinige Erzählung reichen diese eben nicht«, sagt sie. »Wenn jemand zu hören bekommt: Aus dir wird eh nüscht, dann ist das ist kein Boden, auf dem Vertrauen wächst. Du musst erst mal die Wahrheit benennen und dann einen starken Schutz beschreiben können: bessere Arbeitsbedingungen, bessere Absicherung – nicht nur für die große Welt, für die großen Städte, sondern auch für die Menschen auf dem Land und für Nichtakademiker. Die SPD diskutiert Migration, Geschlechtergerechtigkeit, Klimawandel, aber sie stellt die soziale Frage nicht mehr. Das ist ein großes Versäumnis.«

Die Fotogalerie im Flur des Willy-Brandt-Hauses, an der entlang ich zum Treffen mit Lars Klingbeil gehe, wirkt wie in einem Herrenclub, Männerporträt reiht sich an Männerporträt, dazwischen ein paar Gruppenbilder ohne Dame. Immerhin eine Frau taucht in einem Demonstrantenmeer auf, Rosa Luxemburg, lange her. Sieht so das Bild einer Partei aus, die für mehr soziale Gerechtigkeit steht, für Gleichberechtigung, oder doch eher einer Partei, die immer noch in einer Welt festhängt, in der Frauen in politischer Verantwortung kaum vorkommen? Den Männern die Politik, den Frauen die Kindererziehung und den Haushalt, diese Verteilung kenne ich von meinen SPD wählenden Großeltern. Sie lebten in bescheidenen Verhältnissen, und gerade der »kleine Mann« der Nachkriegszeit war rigide gegenüber Frauenrechten, schließlich musste er sich und allen anderen beweisen, dass er, der einfache Bauernsohn, Kumpel oder Fabrikarbeiter, eine Familie ernähren konnte.

Eine berufstätige Frau, das war kein Zeichen von Selbstbestimmtheit oder Fortschritt, sondern von Armut.

Eine Zimmerpalme, ein gerahmtes Fußballtrikot, ein Straßenschild *Fickt-Euch-Allee,* so sieht die Deko im Büro des SPD-Generalsekretärs aus. Den Kaffee kocht Klingbeil selbst, zumindest drückt er höchstpersönlich auf den Knopf der Vollautomatik-Maschine und bringt mir eine Tasse. Ob das schon ein Zeichen von Gleichberechtigung ist oder einfach Normalität in einem nicht allzu hierarchischen Büro? Unemanzipiert wirkt Klingbeil nicht, wenn man ihn auch schwer in die Kategorie Hausmann schieben würde. Er spricht über Arbeitszeiten, gesteht ein, dass er zwar gern zwölf Stunden durcharbeitet, weil ihm seine Aufgabe Spaß macht, aber dass so ein Tagesablauf natürlich nicht gerade familienfreundlich und damit kein Vorbild ist.

Gegen Andrea Nahles sei besonders gehetzt worden, erinnert sich Klingbeil an den Abgang der glücklosen Parteivorsitzenden, deren Generalsekretär er war. Der Umgang sei schmerzhaft gewesen und für ihn nicht greifbar, woher die zentralen Kräfte des Mobbings gekommen seien. Da habe sich eine Härte gezeigt, die es in der SPD nicht geben dürfe. Es brauche dringend eine andere Form von Geschlossenheit und einen anderen politischen Stil, sagt Klingbeil. »Breitbeinig durch Berlin laufen zieht heute nicht mehr, sondern wie Malu Dreyer mit großer Lebensfreude Menschen überzeugen. Sie kann auch hart sein, wenn sie Sachen will, und wird langfristig viel in der Politik erreicht haben. Ihr Stil könnte das Vorbild für unsere Generation sein.«

Dreyer als Role Model würde mir gefallen, doch blicke ich auf die Bundesebene der SPD, erkenne ich wenig von diesem Stil. Zwar sind Frontmänner wie Scholz, Klingbeil und Kühnert weicher als einst Gerhard Schröder, die Szene beherrschen sie dennoch. Es ist wohl kein Zufall, dass der Regisseur Torsten Körner sich gerade jetzt den Kampf der Frauen in der Bonner Republik gegen die Übermacht männlicher Herrschaftsansprüche und rigider Rollenbilder als Thema gesucht hat. Körner zeigt in *Die Unbeugsamen* Frauen, die sich den gesellschaftlichen Konventionen widersetzen, um ihren Teil an der Macht zu gewinnen.

Macht an sich sei nichts Schlechtes, es komme darauf an, was man aus ihr mache, sagt etwa die SPD-Politikerin Renate Schmidt im Film. Wer keine Macht habe, bleibe ohnmächtig. Das ist eine Erinnerung, die wir heute durchaus brauchen. Zum ersten Mal seit Jahrzehnten sei die Zahl von Mandatsträgerinnen im Bundestag wieder rückläufig, ist am Ende des Films zu lesen[*], und jenseits der blanken Zahlen kommt es mir vor, als geriete heute wieder zunehmend in Vergessenheit, dass Frauen sich Macht auch gegen Widerstände nehmen müssen und nicht passiv warten sollten, bis sie durch Quotenregelungen bedacht werden oder eben leer ausgehen.

Ein Rollback, eine Rückkehr zu alten Rollenmustern, die nur anders als früher verkauft werden, fällt mir auch in meinem Umfeld auf, und das kommt mir wie der schmale Grat zwischen den Generationen vor. Frauen, die zehn, fünfzehn Jahre älter sind als ich, traten noch ihren Weg gegen die Widerstände alter Rollenbilder an. Bei gleichaltrigen und jüngeren Frauen höre ich immer häufiger, es sei emanzipiert, wenn sie sich wieder ins Heimische zurück-

---

[*] Die Zahl bezieht sich auf die Legislaturperiode 2017–2021. Mit der Bundestagswahl 2021 stieg die Zahl der Mandatsträgerinnen wieder, allerdings nur gering.

zögen. Erklärungen dafür gibt es wortreiche, auch aus mutmaßlich linker Perspektive. Sie entzögen sich so dem patriarchalen Arbeitsmarkt, den neoliberalen Anforderungen, kurz: dem Schlechten in der Welt. Unter dem Deckmantel der Emanzipation wird so ein reaktionäres Geschlechterbild reproduziert, das im Grunde noch problematischer ist als die offensichtliche Ungleichbehandlung.

Eine politische Diskussionsrunde im Bekanntenkreis ist mir in diesem Zusammenhang besonders in Erinnerung. Wir waren sieben Männer und sieben Frauen, acht Menschen sprachen, die Männer und ich. Die Frauen, Lebensgefährtinnen der sprechenden Männer, meldeten sich nur einmal zu Wort, als es ums Gendersternchen ging, was abzulehnen sie als antifeministisch bezeichneten. Am Ende bedankten sie sich artig, dass sie bei diesem Gedankenaustausch dabei sein durften. Dagegen wirkte sogar Hannelore Kohl emanzipierter; sie trug es nicht vor sich her, verheimlichte aber auch nicht, dass sie ihrem Ehemann in puncto Weltläufigkeit durchaus überlegen war.

Hätte an diesem Abend eine der Frauen sich bei wenigstens einem anderen politischen Thema des Abends geäußert, anstatt ihre wortstarken Männer anzuhimmeln, hätte das aus meiner Sicht mehr für die Emanzipation gebracht. Dieses Treffen ist ein Beispiel, warum ich dem Gendersternchen bis heute skeptisch gegenüberstehe und den Verdacht nicht loswerde, dass es eben doch mehr Schminke als gesellschaftliche Veränderung ist.* Wenn gendergerechte Sprache tatsächlich die Gesellschaft gleichberechtigter machen

---

* Dass er natürlich auch für das dritte Geschlecht steht, ändert für mich nichts an dieser Skepsis.

würde, wären dann nicht längst die Vorstandsetagen paritätisch besetzt, sind doch die »Vorstandsvorsitzenden« seit je inklusiv benannt?

»Vielleicht verspielen wir manchen Fortschritt in der Gleichberechtigung, weil wir nicht mehr so stark dafür kämpfen mussten wie die Generation vor uns«, wird mir die Linken-Politikerin Katja Kipping auf unserem Spaziergang sagen.

Was man hat, wird einem zu normal. Das ist ebenso eine Gefahr für die Demokratie. »Ich habe keine Panik, dass die Demokratie kurz vor dem Zusammenbrechen ist«, sagt Klingbeil. »Aber wir müssen uns klar sein, dass Frieden und Stabilität nicht gottgegeben sind.« Schuld durch Nichthandeln ist der Vorwurf, den Klingbeil in unserem Gespräch unserer Generation und den etwas Jüngeren wiederholt macht. Darüber, dass Untätigkeit handfeste politische Konsequenzen haben kann, spricht er auch an Schulen. Der Brexit dient ihm als Paradebeispiel: Da habe eine Jugend ihre eigene Zukunft verbockt, weil sie zu Hause auf dem Sofa blieb.

Natürlich liegt die Tragik des Brexit nicht allein an einem verregneten Abstimmungstag. Falschinformationen auf der einen Seite, versiegte politische Debatte auf der anderen. Angriffslust der Brexiteers gegen Selbstgerechtigkeit des Remain-Lagers. Der Brexit war ein britisches Ereignis und zeigte doch über die Landesgrenzen hinaus gravierende Schwachstellen des politischen Gegenwartsdiskurses auf. »Wirkliche Gespräche sind für den Wahlkreis das Wichtigste, für Politik vor Ort«, meint Klingbeil. »Es geht um eine ernst gemeinte Empathie. Wenn man den Leuten ruhig erklärt, dass etwas wie Blackfacing andere Menschen verletzt, dann würden sie es sicherlich nicht mehr machen.

Aber die Art, es mit Zeigefinger und arroganter Miene vorzuhalten, ist falsch. So überzeugt man keine Gesellschaft, es ist zu sehr von oben herab. Da zeigt sich ein Überlegenheitsgefühl der Städter, Akademiker, der progressiven Eliten gegenüber jenen, die ihr Leben auf dem Land verbringen. Menschen fühlen sich manchmal auch überfordert von den politischen Veränderungen.«

Am Tag unseres Treffens sind die Umfragewerte der SPD noch im Keller, und die Partei glaubt sich in diesen Wochen vermutlich nicht einmal selbst das Mantra, man solle Scholz nicht zu früh abschreiben, aber Klingbeil sagt es gehorsam auf. »Die Grünen werden ihre reine Wohlfühlwelt nicht durchsetzen«, fügt er hinzu, vielleicht sagt er es eher zu sich als zu mir. Die stoische Haltung der Partei selbst in den für sie unangenehmsten Phasen des Wahlkampfs wird letztlich ein entscheidender Faktor für Olaf Scholz' Sieg sein, von dem er an diesem Freitag so weit entfernt zu sein scheint wie Currywurst vom Veggie-Day. Klingbeil, der mit Gerhard Schröder Sozialdemokratie gelernt hat, ihn als Freund bezeichnet, aber ebenso mit dem deutlich weiter links stehenden Kevin Kühnert eng ist, dürfte als Generalsekretär einigen Anteil an der Geschlossenheit der SPD in diesen Wochen gehabt haben. »Volkspartei bedeutet, dass man innerhalb und vor allem außerhalb der Partei Brücken schafft«, sagt er. Im Vergleich zu anderen Spitzenpolitikern, die ich getroffen habe, wirkt Klingbeil weniger schillernd, dafür sympathisch, aber auch etwas farblos. Genau das mag allerdings ein Vorteil sein, wenn man moderieren und gegenläufige Positionen zusammenführen will.

Gerade hat er das SPD-Wahlprogramm vorgestellt, was medial jedoch in der Empörung und Gegenempörung über einen *FAZ*-Beitrag unterging, in dem Wolfgang Thierse sich kritisch zur Identitätspolitik äußerte und eine neue Solidarität forderte. Klingbeil ist sein Unmut über die Aufmerksamkeitsverteilung anzumerken, er hält die Debatte um Identitätspolitik ohnehin für überhitzt. »Ihr tut zu viel für Schwule und zu wenig für Industriearbeiter« ist ein Vorwurf, der ihn massiv ärgert. »Man könnte es auch umdrehen, und es würde nicht richtiger«, meint er. »Es unterstellt, dass ein Industriearbeiter niemals schwul ist und dass sich die Interessen unvereinbar gegenüberstehen.« So wie beim rechtspopulistischen Ausspielen der »einfachen« Arbeiter gegen die Migranten scheint auch hier der Verteilungskampf leichter die Form des Gegeneinanders als des Miteinanders zu finden. Dabei sitzen die Gruppen ja im gleichen Boot, die einen nur noch weiter an der Kante als die anderen.

Das Problem ist vor allem, dass die SPD ihr Kernversprechen verloren hat: das des Aufstiegs. »Durchlässigkeit nach oben ist schwieriger geworden«, sagt Klingbeil. Früher habe es noch das Versprechen des Aufstiegs durch Bildung gegeben, den Rat »Streng dich an, damit du nach oben kommst«. Klingbeil hängt noch an dem Satz: »Meine Kinder sollen es einmal besser haben« – das sei nun eben ein grundlegender Antrieb, um sich anzustrengen. Das Versprechen vom »Wohlstand für alle« wirkte einmal weit über Ludwig Erhard hinaus und war so etwas wie das Wirtschaftswundermantra, mit dem Deutschland nach 1945 der Aufbau einer zunehmend demokratischen Gesellschaft gelang.

Die Drohung heute lautet: Es gibt nicht genug – und noch weniger, wenn wir die globale Ebene mit in den Blick nehmen. Es ist nicht nur die Umkehrung des Erhard-Satzes, sondern auch seine Folge, da der wachsende Wohlstand des globalen Nordens die Ressourcen des Südens mitverbraucht hat. Die Mangelprognose hat aber zudem eine konkrete

Wirkung, denn Mangel macht Angst, und Angst lähmt. Die frühere Managerin Rosa Riera hatte im Gespräch mit mir beklagt, dass wir die Zukunft allzu sehr durch Mangel beschreiben, durch Verteilungsknappheit und Kampf um Ressourcen und stattdessen zu wenig über das Potenzial reden, das es zu nutzen gilt.

Beide Extreme wären falsch: Sich zu sehr auf das Potenzial zu verlassen ebenso, wie sich von der Angst vor dem unausweichlichen Ressourcenmangel paralysieren zu lassen. Das wäre, als könnten wir uns nur für eines entscheiden: entweder für die Schockstarre der Korinther oder für den Hochmut ihres Königs Sisyphos.

Dennoch, Abstieg ist die wahrscheinlichere Laufbahn als Aufstieg, und das beeinflusst gesellschaftliche Dynamiken in allen Lebensphasen. »Jedes Kind hat Potenzial«, erklärt Sawsan Chebli und wünscht sich »ein Land, in dem es egal ist, wer die Eltern sind und wie viel Geld sie haben. Wir müssen alles dafür tun, damit unser Schulsystem gerechter wird, und eine viel zielgenauere Betreuung der Kinder ermöglichen.«

Die Realität sieht anders aus. Das Schulsystem sei oft überlastet, und Kinder würden nicht den Förderunterricht erhalten, den sie bräuchten. Bei Kindern mit Migrationshintergrund würden Sprachbarrieren zudem nicht immer durch den Schulunterricht überwunden, sondern bildeten umgekehrt oft den Beginn einer schulischen Abwärtsspirale. So werde Chancengleichheit schon im frühen Alter verhindert. Die gläserne Decke hänge heute manchem Grundschüler direkt über dem Kopf.

Im Wohlstandsmilieu wendet man sich ohnehin immer häufiger von der staatlichen Schule ab und investiert in den Nachwuchs, indem man die Gebühren privater Bildungseinrichtungen zahlt.[21] Vom Kinderyoga über den Klavier-unterricht bis zum Nachhilfelehrer für Mathe ist auch die Freizeit aus der eigenen Tasche bildungssubventioniert. Wer dagegen schon in einer schlechten Kita mit wenig Förder-angebot war, hat es schwer, auf eine bessere Schule zu wech-seln. In der Mittelstufe ist das Bildungsdefizit dann oft kaum mehr zu überbrücken. Solange es noch Klassen gibt, in denen Vierzehnjährige so schlecht lesen können, dass sie faktisch Analphabeten sind, muss man nicht weihevoll von demokratischer Teilhabe reden.

»Die sozialliberale Koalition 1969 war zur Bildungs-expansion angetreten, insbesondere durch das BAföG«, ruft Linda Teuteberg in Erinnerung. »Man ging von einem posi-tiven Menschenbild aus und von der Prämisse, dass Leis-tungsgerechtigkeit möglich ist.« Die FDP gilt zwar seit der Wende 1982 nicht mehr als Partei der sozialen Gerechtigkeit, aber angesichts oft überforderter Bildungspolitik und wack-liger Rentenkonzepte der Konkurrenz kann sich die FDP seit ihrer magentafarbenen Verjüngung 2015 zunehmend mit Schlagwörtern wie Chancen- und Generationengerech-tigkeit etablieren. »Wir müssen bessere Rahmenbedingun-gen schaffen, damit Menschen unabhängig vom Geldbeutel ihrer Eltern den Bildungsweg einschlagen können, der ihrer Begabung und individuellen Anstrengungsbereitschaft ent-spricht«, meint Teuteberg. »Heute habe ich den Eindruck, dass viele sich von einem kapitulierenden Menschenbild leiten lassen. Sie gehen gar nicht mehr davon aus, dass man durch bessere Rahmenbedingungen Aufstiegschancen schaffen kann, sondern glauben, dass man einfach umver-teilen und in überzogenem Maße regulieren müsse.« Und dann fügt sie noch etwas Grundsätzliches hinzu: »Wohl-stand wird von linker Seite gern diffamiert als etwas Unmoralisches, zugleich aber als selbstverständliche Grundlage unseres Wohlfahrtstaates vorausgesetzt. Das geht nicht auf. Wer per se Wachstum als etwas Negatives ablehnt, akzeptiert, dass es härtere Verteilungskämpfe geben wird.«

Die gestutzten Flügel
der Globalisierung

»Die Menschen, die lasen und vom Fliegen träumten wie Tschechows Möwe, waren abgelöst worden von anderen, die nicht lasen, aber fliegen konnten«, so sagt es in Swetlana Alexijewitschs Interviewband *Secondhand-Zeit* die 35-jährige Alissa S., Werbemanagerin, über die 90er-Jahre in Moskau. Wenn Katja Kipping von den 90er-Jahren erzählt, spürt man etwas von Aufbruch, von einem Jahrzehnt, in dem vieles neu und möglich wurde, aber auch ins Rutschen geriet. Sie selbst ging damals für ihr Freiwilliges Soziales Jahr nach Russland, in die Nähe von Sankt Petersburg, engagierte sich in globalisierungskritischen Bewegungen, begann ihr Studium.

Es ist kein klassischer Politiktermin, den sie mir angeboten hat, sondern ein Diskursspaziergang durch den Treptower Park an einem der ersten Frühlingstage. Die Sonne fällt auf die noch vom Märzregen schlammigen Wege, Reifenspuren führen ins Nichts. Während neben uns Ausflugsboote und kleine Segler auf der Spree unterwegs sind, stellt Kipping Fragen: Was man heute lesen solle, um Ideen für eine neue Politik zu gewinnen? Was eine progressive Linke vom marxistischen Denker Antonio Gramsci lernen könne? Warum gerade die Neue Rechte diesen marxistischen Denker rezipiere? Woran die Kommunistische Partei Italiens letztlich gescheitert sei? Jenseits des allgemeinen Authentizitätsdrucks nehme ich bei Kipping zum ersten Mal etwas als tatsächlich authentisches Interesse wahr, als Neugier auf die Gedanken von anderen. Vielleicht ist das die gar nicht so häufige Begabung, fliegen zu können und trotzdem noch träumen zu wollen.

Hochfliegende Träume aber können abstürzen wie Dädalus oder wie die Gedanken von Antonio Gramsci von der Gegenseite gekapert werden. Blickt man auf Kippings Wahlkreis und ihre Geburtsstadt Dresden, sind Stärke und Radikalisierung von AfD, Pegida und Neuen Rechten nicht zu übersehen. Kipping erzählt von Frauen am Wahlkampfstand, denen das Leben mitgespielt habe, die sich selbst gegenüber bestimmt oft hart gewesen sein müssten und die ihr nun, ohne es vermutlich zu wollen, das Prinzip des Rassismus und der alten europäischen Superiorität vorführten. Von Menschen, die fest davon überzeugt waren, dass die globale Wohlstandsungleichheit oder, weniger höflich gesprochen, die Verelendung des globalen Südens gut und erhaltenswert sei. Von Menschen, denen es zu eng wurde, obwohl ihre Dörfer sich zunehmend leerten. In Dresden-Prohlis könne sie die Angst um Wohnraum ja noch verstehen, meint Kipping, in dem Plattenbauviertel, wo neben jenen, die schon seit Jahrzehnten dort wohnen und von sich mit einem gewissen Stolz als »Erstbezieher«* sprechen, verarmte Rentner, Sozialhilfeempfänger, Rechtsradikale und Migranten die Plattenbauten unter sich aufteilen,

---

* In den 70ern und 80ern sei man stolz auf eine solche Neubauwohnung gewesen, erläutert Kipping.

all jene also, die allein verbindet, dass sie woanders nicht gewollt sind. Dort wüchsen einige Gruppen sogar auf gewisse Art zusammen, wenn sie gemeinsam um elf Uhr morgens beim Kioskbier auf dem Platz zusammenstünden. Woher aber kommt die Wut der Mittelschicht und derjenigen, die zu wenig haben, um als Mittelschicht zu gelten, die sich aber selbst nie zu den Armen zählen würden?

»Zwischen Ohnmacht und Allmacht«, sagt Kipping, wenn sie das Gefühl der Gegenwart beschreiben soll, vielleicht auch das Unbehagen angesichts der Globalisierung, das nicht nur jene spüren, die in ihren Nachbarschaften niemand Fremdes wollen. Die Bedrohungen werden zunehmend ungreifbarer, abstrakter, und das macht es umso schwerer, darauf gezielt zu reagieren. »Die Proteste gegen die EZB waren einer der letzten Momente, in denen man den Gegner noch adressieren konnte«, sagt Kipping. Soweit wir uns in unserer Haltung zu Institutionen wie EZB und NATO auch unterscheiden, glaube ich zu verstehen, worauf sie hinauswill – vielleicht, weil ich mich an das Ermittlerduo Hardt und Negri erinnere. Wer ist das Gesicht der Weltwirtschaft? Christine Lagarde? Mario Draghi? Und wer das Gesicht des Klimawandels, der Pandemie, von Cyberattacken? Das Empfinden, wir beschwörten Naturgewalten, ist so irrational wie angesichts der hochkomplexen Zusammenhänge verständlich.

Mit ihrer Kollegin Johanna Bussemer zeigt Kipping in ihrem gemeinsamen Buch *Green New Deal als Zukunftspakt*, wo die scheinbar so sauberen globalen Rechnungen nicht aufgehen: »Durch Mechanismen wie den Emissionshandel konnten sich reiche Staaten immer wieder auf Kosten ärmerer Länder aus ihren klimapolitischen Verpflichtungen freikaufen«, schreiben sie darin, und dass die Transportwege des globalen Güterverkehrs sich nur deshalb rechneten, »weil die externen Kosten, also die Folgen für Klima und Gesundheit nicht mit eingepreist werden«.[22] Hier erinnern die beiden an nichts anderes als an das ordoliberale Haftungsprinzip, das sich nach Walter Eucken auf die Faustformel bringen lässt: »Wer den Nutzen hat, muss auch den Schaden tragen.«[23] Rückt die Rede vom menschengemachten Klimawandel das Problem eigentlich ins richtige Verhältnis, oder vergesellschaftet sie nicht vielmehr die Verantwortung für ein Desaster, das durch politische und ökonomische Strukturen verursacht wurde? Die »bisherige Globalisierung bedeutet die Erhöhung der Profite zulasten von Mensch und Natur«, schreiben die beiden Linken-Politikerinnen und fordern: »Weltweiter Austausch von Wissen und Erfahrung, das ist die Globalisierung, die wir meinen.«[24]

Auf einem Notizzettel finde ich die These: »Die Globalisierung hat politisch und intellektuell noch nicht stattgefunden. Die Pandemie hat auch dies deutlich gemacht: Während der Pharmabereich global agierte, fiel die politische Perspektive überwiegend in nationale Beschränktheit zurück.« Welcher meiner Gesprächspartner hat das gesagt?[25] Und die nicht weniger wichtige Frage: Hätte die Pharmaindustrie so engagiert und hocheffektiv gearbeitet, wenn ihre neuen Patente sofort enteignet worden wären?

Kipping glaubt daran, dass man die Menschen bei ihrem Altruismus packen kann, gesteht aber zu, dass der linke Klassenkampf aufreibt, anstrengend ist, die Verhältnisse durcheinanderwirft und Privilegien, auch und gerade unsere, umverteilen wird. Die Rebellion, die die Rechtspopulisten den Menschen anböten, verlange keinen wirklichen Einsatz. Wer ihnen folge, müsse sich keine Eigentumsfragen stellen, keine Angst vor Privilegienverlust haben. In gewisser Weise solle alles so bleiben, wie es ist, oder wieder so sein, wie es nie war. Und die Überforderung angesichts eines hochkomplexen Problem- und Wirkungszusammenhangs fände in Verschwörungstheorien ihre einfachste Entlastung. Kipping erklärt mir die bei Querdenkern und Wutbürgern verbreitete Zangentheorie: Danach steckten die Eliten und die Migranten unter einer Decke. Wenn du die da oben treffen willst, so die Weisung, dann tritt nach unten, wenn du Merkel schaden willst, dann greif die Menschen an, die sie 2015 ins Land gelassen hat. Die Menschen werden längst nicht mehr nur mit Worten angegriffen. Deutschland ist wieder ein Land geworden, in dem politische Morde geschehen. Wieder und wieder.

»In den 90ern durften die Nazis in den kleinen ostdeutschen Dörfern alles tun, was sie wollten«, erinnert sich die SPD-Politikerin Daniela Kolbe an ihre Jugend. »Danach gab es eine Phase, in der war es nicht mehr opportun, auf der Straße rechte Parolen zu grölen. Die Mitte der Gesellschaft fand das nicht so schön. Und heute? Die Nazis der 90er haben Kinder bekommen und sitzen in Elternbeiräten, sind Lehrer geworden, waren ein paar Jahre etwas leiser, aber mit dem Aufkommen der AfD und der gegenseitigen Bestärkung in den sozialen Medien sind sie wieder lauter, wittern Morgenluft. Weg waren sie nie.«

In ihrer Schulzeit nach der Wende, erzählt Kolbe, hätten sich nur wenige Lehrerinnen und Lehrer getraut, ihre eigene Position zu vertreten. Die SED-Erfahrung saß noch tief, man war vorsichtig, äußerte sich lieber nicht politisch. »So blieben auch vollkommen inakzeptable Äußerungen unkommentiert. Und das ist bis heute ein wenig so. In den Klassen passiver Lehrer muss man sich schlimme Sprüche anhören.«

Die ungarisch-amerikanische Philosophin Ágnes Heller fasste es einmal so: »Befreiung ist noch nicht Freiheit. Zuerst müssen die Institutionen der Freiheit geschaffen werden, und die Menschen müssen lernen, wie man ihnen Leben einhaucht und sie funktionsfähig macht.«[26] Heute merken wir, dass wir es wieder verlernen können, im Osten wie im Westen. Und nicht nur die Institutionen sind es, die um ihre führende Funktion, ihre belastbare Legitimität ringen müssen, auch in der Zivilgesellschaft ist das Wort Freiheit so aufgeweicht wie die Wege im Treptower Park, und Reifenspuren führen ins Nichts. Wenn die Öffnung hin zu etwas Neuem Auflösung von Verlässlichkeiten bedeutet, dann muss das Neue auch Möglichkeiten eröffnen, wenn es ein Versprechen bleiben will.

»Was ist das Narrativ der politischen Linken?«, fragt Kolbe. »›Vielfalt und Veränderung sind gut.‹ Gerade im Osten haben die Leute tiefgreifende Erfahrungen mit gesellschaftlicher Transformation gemacht. Im Kern geht es ihnen heute besser als vor 1989, aber sie sind durch ein Tal gegangen, sie sind gebrochen und gedemütigt worden. Es gibt Gründe, warum sie das nicht noch einmal wollen.«

»Es geht um einen politischen Konflikt, und den muss man austragen«, antwortet der Staatsrechtler von der Universität Göttingen Florian Meinel auf meine Frage, wie auf die zum Teil gewaltsame Radikalisierung zu reagieren sei. »Jetzt eine politische Sorgenhotline für sich radikalisierende Milieus einzurichten wäre das falsche Signal, das würde nur die Ausgrenzungserfahrungen verstärken. Es geht darum, politische Mehrheiten zu organisieren.« Ohne leugnen zu wollen, dass Rechtsradikalismus und politische Gewalt ein bundesweites Problem seien und nicht wenige Strippenzieher aus dem Westen kämen, gebe es doch ein »ostdeutsches

Trauma der Einflusslosigkeit«, das aus Meinels Sicht mit dem Einigungsvertrag nach der Wende begann. Und Traumata, vor allem jene, die übergangen würden, seien fruchtbarer Boden für Radikalisierungsangebote. »Man hätte ostdeutsche Politiker viel stärker einbinden müssen«, meint er, »und nicht durch westdeutsche Ministerpräsidenten ideell enteignen. Alle Projekte aus dem Osten wurden verworfen, ob es sich nun um direktdemokratische Elemente oder um genossenschaftliches Engagement auf kommunaler Ebene handelte. Dass die Siegermächte der Wiedererstehung der europäischen Mittelmacht zustimmen, war eine absurd unwahrscheinliche Konsequenz des 20. Jahrhunderts«, so Meinel, »und auf nationaler Ebene hat man ein trauriges Kapitel daraus gemacht.«

Am Abend nach dem Spaziergang mit Kipping finde ich einen Artikel über den Zoo in Dresden. Dort hat ein Pinguinpärchen vier Artgenossen getötet. Zuerst stürmten sie auf ein junges Elternpaar, das offensichtlich am Schreck starb, später zog das Killerpaar noch einmal los und tötete zwei Pinguinjunge. Ist die Aggression einer von Pegida-Kundgebungen und Fremdenangst aufgeladenen Stadt schon auf die Tiere übergegangen, oder ist das Prinzip des Überlebens doch dunkler, als wir glauben wollen?

Krieg und Frieden

Stell dir vor, es ist Krieg und keiner geht hin. Weil wir gar nicht hingehen müssen, sondern der Krieg zu uns kommt. Kein Krieg am Hindukusch, in Tigray oder Idlib, sondern bei uns, im Berliner Bötzowviertel, in Schwerin oder Schwandorf. Der Knall eines Überschallflugzeugs, das seiner Staffel vorausfliegt. Panzer rollen entlang der Grenze, im Hafen kann man am Horizont die Kriegsschiffe sehen.

Es war eine der größten Sicherheiten unserer Generation, dass Krieg fern ist, entweder örtlich oder zeitlich. Westliche Demokratien seien dagegen immun, wollen wir glauben, so wie wir glaubten, Klimakatastrophen und Pandemien träfen immer nur die anderen. Hält die Immunität auch dann noch, wenn Cyberattacken die heikelste Infrastruktur unseres Landes treffen oder es zum Bündnisfall vor unserer Haustür kommt? Wenn Russland nicht nur die Ukraine, sondern auch die polnische Grenzregion angreift oder der anhaltende Konflikt zwischen den beiden NATO-Mitgliedern Griechenland und Türkei militärisch eskaliert?

»Im Ernstfall dürfen wir gar nichts machen«, meint Nicola Winter. »Nehmen wir das Baltikum. Es gibt zwar eine erweiterte Luftraumüberwachung durch die NATO, aber Russland hätte Litauen innerhalb eines Tages besetzt, wenn der Kreml es wollte, und die Wahrheit ist: Wir werden sie da nicht rausholen.«

Winter ist eine der wenigen Frauen, die als Kampfflug-
zeugpilotin bei der Bundeswehr gearbeitet haben. Sie begann ihre Laufbahn 2004, als »die Bundeswehr auf Sinn-
suche und in einer Selbstfindungsphase war«, wie sie sagt.
Von der Friedensarmee zur Einsatzarmee – diese Transformation hat wesentlich mit 9/11 und dem sich anschließen-
den NATO-Einsatz am Hindukusch zu tun, der deutsche
Soldaten in direkte Kampfeinsätze einbezog. »In Afghanistan haben wir gesehen, wie unsicher die Welt ist«, sagt Winter. »Und dass auch deutsche Soldaten fallen.«

Winter wuchs auf in der Zeit des sicherheitspolitischen
Paradigmenwechsels. Von der radikalpazifistischen Frie-
densdemonstration im Bonner Hofgarten Anfang der 8oer-
Jahre zu Joschka Fischers Ja zum NATO-Einsatz im Kosovo
Ende der 9oer hatte sich der Blick auf das Militär und auf
das, was deutsche Verantwortung in der Welt bedeutet, ele-
mentar gewandelt. Die neue Friedensbewegung der späten
7oer- und der 8oer-Jahre war als Reaktion auf das Wett-
rüsten und den NATO-Doppelbeschluss entstanden. Der
Vietnamkrieg lag erst kurz zurück und hatte Hunderttausende Opfer gefordert, und Deutschland lag als Territorium
zwischen den Großmächten im Zentrum nuklearer Abschreckung. Auch waren die Rolle und die Verbrechen der
deutschen Wehrmacht im Zweiten Weltkrieg noch längst
nicht aufgearbeitet. Zwischen Vorwurf und Leugnung waren
die Fronten der politischen Lager und Generationen verhärtet.

»Wir haben von Europa aus zwei Weltkriege initiiert,
das hinterlässt Spuren«, sagt Bruno Fichefeux, Leiter des
transnationalen Rüstungsprojekts FCAS bei Airbus. In
Frankreich aufgewachsen und seit Langem in Deutschland
lebend, ist er vertraut mit der deutschen wie der französi-

schen Haltung zum Militär – und ihren gravierenden Unterschieden. »Deutschland ist kein Land, das sagt: Wir wollen militärisch mitgestalten. Jeder Auslandseinsatz wird heftig diskutiert. Frankreich hat eine ganz andere Militärstrategie, es ist Nuklearmacht und strebt nach Unabhängigkeit. Die NATO hat dort eine andere Bedeutung als in Deutschland, und auch die Idee europäischer Souveränität im militärischen Bereich unterscheidet sich. Wir benutzen die gleichen Wörter, aber wir verstehen etwas anderes darunter.«

FCAS ist die Abkürzung für *Future Combat Air System*, ein Verteidigungssystem, das von Kampffliegern über Programme zur Abwehr von Cyberangriffen bis hinaus in den Weltraum auf fünf Ebenen operiert, um die europäische Sicherheit unabhängiger von den USA zu machen. Wie weit das funktionieren kann in einer Welt, in der technologische Lieferketten von Fliegerturbinen bis zu Softwareprogrammen für den Bordcomputer nicht so einfach auf nationale oder europäische Maßstäbe zurückgestutzt werden können, ist eine rhetorische Frage – denn natürlich bleibt Europa auch mit FCAS mit seinem größten NATO-Partner verzahnt, zumal in Deutschland, wo noch immer US-amerikanische Nuklearsprengköpfe lagern, um nach Osten hin abzuschrecken. Wenn die chinesische Expansionspolitik im Pazifik die USA weiter provoziert und diese als globaler Gegner Chinas den Druck auf die NATO-Partner erhöhen, sich ebenfalls militärisch stärker gegen China zu positionieren, wird und kann Europa sich dann raushalten? Der Kalte Krieg mag vorbei sein, seine Logik der Lagerbildung ist es nicht.

FCAS ist das teuerste Rüstungsprojekt in der Geschichte der EU. In der allerletzten parlamentarischen Sitzungswoche der Regierungszeit Merkels wurde das Budget in Höhe von rund 4,46 Milliarden Euro noch bewilligt, gegen den Widerstand der Linkspartei, der Grünen und der AfD. Auch das Forum Demokratische Linke innerhalb der SPD lehnte das Vorhaben ab. »Der 80. Jahrestag des Überfalls auf die Sowjetunion gemahnt: Entspannung und Kooperation statt Konfrontation und FCAS«, titelt dessen Beschluss der Mitgliederversammlung vom 5. Juni 2021.

Die Frage, wie militärische Verantwortung vor dem historischen Hintergrund Deutschlands in der Gegenwart weiterzudenken ist, kann vollkommen gegenläufig interpretiert werden. Verhält man sich pazifistisch, im Bewusstsein um die einstige Kriegsaggression des deutschen Militärs, vor allem der Wehrmacht? Oder muss nicht das heutige Deutschland gerade im Wissen um die Verbrechen der Nationalsozialisten auch bereit sein, sich militärisch zu engagieren, wenn Verbrechen gegen die Menschlichkeit begangen und bekannt werden? Das völkerrechtliche Konzept der Schutzverantwortung, *responsibility to protect,* entwickelte sich ja gerade aus den Lehren der 90er-Jahre, in denen die westlichen Militärmächte mehr oder weniger tatenlos den Völkermorden in Ruanda und Srebrenica zusahen.

Die Gegenwart steckt mit den Füßen in der Vergangenheit und mit dem Kopf in der Zukunft, und niemand spürt das so stark wie jene, die die Mitte des Lebens gerade erreicht haben. Dieses Bewusstsein könnte meiner Generation helfen, im Hier und Heute eine verbindende Perspektive einzunehmen und dafür einzutreten, dass Verantwortung dynamisch bleiben muss, um nicht zur Ideologie zu werden.

»Aus gutem Grund wurde bei der Wiederbewaffnung Deutschlands nach dem Krieg auf den Primat des Zivilen vor dem Militärischen gesetzt«, sagt Nicola Winter und fügt hinzu: »Aber das funktioniert in der Welt von heute so nicht mehr.« Dem Krieg in Syrien und Libyen musste sie untätig zusehen. »Wenn man weiß, was man kann, aber nicht darf, ist das schwer auszuhalten. Wenn die NATO gewollt hätte, hätte sie innerhalb von wenigen Tagen den Krieg in Syrien entscheiden können«, glaubt Winter.

Das, was über die Bundeswehr durch die Medien geht, sind eher die Meldungen über Hubschrauber, die nicht flie- gen, über schlechte Ausrüstung oder verschwindende Mu- nition. Man mag sich über eine so dargestellte Tölpelarmee noch lustig machen. Wenn es aber Rechtsextremen gelingt, in der Bundeswehr Netzwerke aufzubauen, ist ihre Legitimi- tät im Ganzen erschüttert, und die Nachkriegskonzepte vom Bürger in Uniform und von innerer Führung wirken nur noch wie beschwichtigende Phrasen.

Von Reform wird und wurde zwar immer wieder ge- sprochen, Winter aber sieht dahinter keinen ausreichenden Willen. »Jeder neue Verteidigungsminister verspricht: ›Jetzt wird alles anders‹«, sagt sie. »Das Essen wird auch besser, aber an den grundlegenden Dingen hat sich bislang nichts geändert. Die Bundeswehr ist dadurch ein Fass ohne Boden, man kann Geld reinschütten, so viel man will, aber das ver- bessert die Lage nicht substanziell. Man müsste den gordi- schen Knoten durchschlagen, und das heißt, dem Bundestag und dem Wähler erklären, dass die Bundeswehr nicht mehr funktioniert wie in der Zeit des Kalten Kriegs. Wir müssten in der Armee viel mehr selbst bestimmen können. Für die notwendigen drastischen Veränderungen der Bundeswehr bräuchte es viel Mut. Das gelänge wahrscheinlich nur einem Verteidigungsminister, der nichts mehr zu verlieren hat. Für den diese Aufgabe der Schlusspunkt seiner politischen Kar- riere ist.«

Winter verabschiedete sich von der Bundeswehr, als sie bereits in erste Führungspositionen aufgerückt war. »Selbst im hohen Offiziersrang hat man wenig Mittel und Möglichkeiten, und viel persönliches Engagement verpufft im Wind«, sagt sie. »Trotzdem ist man verantwortlich für Leib und Leben der Truppe. Und Piloten können sterben, das ist eine Realität.«

Eine Realität, die in der Öffentlichkeit gern verdrängt wird: Über hundert Soldaten sind bei Bundeswehreinsätzen seit den späten 90er-Jahren ums Leben gekommen, die meisten davon beim ISAF-Einsatz in Afghanistan. Doch erst der übereilte Abzug der Truppen aus Kabul im August 2021 hat die dortige Situation ins breite öffentliche Bewusstsein gerückt, und auch das nur kurzfristig. Das Mitgefühl mit den afghanischen Ortskräften wurde bald unter Berichten über Sondierungsgespräche und Bundesligaergebnissen verschüttet.

Afghanistan ist der Kriegsschauplatz, der die Soldaten unserer Generation am stärksten geprägt hat, aber demonstrierend auf die Straße waren wir wegen des Irakkriegs 2003 gegangen, wenn überhaupt. Der Afghanistan-»Konflikt«, wie er in der deutschen Öffentlichkeit lange hieß, schien sich immer nur im Hintergrund abzuspielen. Der Hindukusch war ein Synonym dafür, dass unsere Interessen sogar am Ende der Welt verteidigt werden, und vor allem dafür, dass unsere Kriege genau dort und nicht näher bei uns stattfinden. Das Karfreitagsgefecht, bei dem am 2. April 2010 drei deutsche Fallschirmjäger starben, drang kurz in den Fokus medialer Aufmerksamkeit, plötzlich fiel das Wort »Krieg«, das zuvor tunlichst vermieden worden war. Aber bald schon war Afghanistan wieder weiter weg als alles, was Kara Ben Nemsi je gesehen hatte.

In den Augusttagen des überhasteten Truppenabzugs ist Afghanistan mit einem Mal unsere Realität. Es ist vom neuen Vietnam die Rede, aber es sei verheerender, sagt ein Offizier, mit dem ich mich wenige Tage vor dem endgültigen Abzug der Bundeswehr unterhalte. Was das desaströse Schlusskapitel dieses Einsatzes unwiederbringlich zerstört habe, das sei der Glaube ans *nation building* mit militärischen Mitteln und an die Idee einer Weltpolizei namens Vereinigte Staaten. Das bedeute nicht, dass die Welt nun friedlicher werde, glaubt er, sondern dass sich die Lage der unter amerikanischem Schutz stehenden kleinen Staaten anspanne, in Taiwan und Südkorea ebenso wie in Israel.

Es sei für den Ruf Deutschlands in der Welt ein Riesenschaden, so Omid Nouripour in der *Tagesschau,* und es »wäre vermeidbar gewesen, wenn man sich rechtzeitig gekümmert hätte«.[27] Hana Gründler meint: »Diese Niederlage ist Treibstoff für diejenigen, die das westliche Modell des Denkens scheitern sehen wollen. Die ideelle Dimension ist verheerend. Und Putin weiß genau, was der Afghanistankrieg für die UdSSR war.«

War der Einsatz von Anfang an zum Scheitern verurteilt? Oder wurde er während der zwanzig Jahre zum Scheitern gebracht? Oberstleutnant i. G. Björn Ebersoll war von Juni bis November 2011 in Masar-e Scharif stationiert. Die Sicherheitslage war angespannt, da im Frühjahr jenes Jahres ein Angehöriger der afghanischen Armee einen Anschlag auf deutsche Kräfte verübt hatte und nur wenige Wochen später erneut deutsche Soldaten einem Selbstmordattentat zum Opfer fielen. Das Vertrauen war belastet, man lief mit der Waffe im Beinholster durch das Lager. »Irgendwann entsteht aber eine gewisse Routine, gerade bei denen, die wie ich im Lager blieben, ein riesiges Camp mit mehreren Tausend Soldaten. Es gab nationale Kantinen, Fitnessstudios, im amerikanischen Bereich sogar Subway und Restaurants, in denen einmal in der Woche Lobster serviert wurde. Die Bedrohungslage war dem eigenen Empfinden nach bald relativiert und wurde eher nicht mehr wahrgenommen.«

Was Ebersoll fehlte, war der sichtbare gesellschaftliche Rückhalt, sowohl in Deutschland als auch in Afghanistan. Joschka Fischer sei ein Pionier gewesen, so Ebersoll, der in einer postheroischen Gesellschaft und in einer einstigen Friedenspartei den Gedanken aufbrachte, dass es eine deutsche Verantwortung auch im Militärischen gebe. »Außen- und Sicherheitspolitik ist bis heute das zentrale Politikfeld – oder sollte es sein«, meint Ebersoll. »Denken Sie an Hobbes' Naturzustand. Jemand muss dafür sorgen, dass Freiheit und Sicherheit erhalten bleiben, das ist nicht von allein gegeben. Unsere diverse und individuelle Lebensweise erfordert auch sicherheitspolitisches Engagement über Deutschland hinaus. Dieses Grundverständnis ist aber kaum noch vorhanden. Wir sehen uns in einer Wohlstandswelt, in der wir, wie Kinder, die Zusammenhänge häufig nicht verstehen und der Veränderungsdruck nicht hoch genug ist, mehr Verständnis für den großen Kontext zu entwickeln.«

In Afghanistan war es ungleich schwieriger, Zuversicht zu verbreiten. Die Soldaten fuhren zur eigenen Sicherheit immer häufiger in gepanzerten Fahrzeugen durch die Orte, was bei der Zivilbevölkerung nicht gerade das Vertrauen stärkte. Und doch will Ebersoll daran glauben, dass der Einsatz nicht umsonst war. »Es hat sich durchaus etwas in den Köpfen gewandelt, auf beiden Seiten. Alles wird sich nicht ändern. Die Fragen sind: Wie gehen wir mit Lebensweisen, Kulturen und Weltanschauungen um, die wir mit unserer subjektiven Brille betrachtet als zutiefst ungerecht und unmoralisch empfinden? Bis zu welchen Grenzen müssen wir Dinge auch einfach ertragen?«

Oberstleutnant i. G. Stefan Quandt erzählt von einem Häftling, um den er sich im Gefängnis von Faizabad kümmerte. Der Mann war bei der Festnahme verwundet worden. Quandt dokumentierte die Verletzungen, den Genesungsprozess, sorgte dafür, dass es ihm einigermaßen gut ging. »Wir haben darauf geachtet, dass die Menschenrechte für alle Gefangenen gewahrt werden, auch für die Taliban-Kämpfer, die dort inhaftiert waren«, sagt er. »Heute frage ich mich schon, wofür das alles war«, fügt er hinzu. »Kaum sind wir weg, haben die Taliban das Land wieder übernommen. Das konterkariert, was wir dort versucht haben.«

Unser Gespräch findet kurz nach dem endgültigen Abzug der Bundeswehr aus Afghanistan statt. Drei Tage zuvor sind die letzten A400M-Maschinen mit Evakuierten aus Afghanistan am Luftwaffenstützpunkt Wunstorf bei Hannover gelandet. Als Verteidigungsministerin Annegret Kramp-Karrenbauer den Brigadegeneral Jens Arlt umarmte, dessen Sturmgewehr noch vor seiner Brust hing, entstand eines der ikonischsten Bilder bundesdeutscher Verteidigungspolitik.

Was auf dem Bild allerdings auch auffalle, meint Quandt, sei das Fehlen von Bundeskanzlerin Angela Merkel und Außenminister Heiko Maas, obwohl der Einsatz unter Federführung des Auswärtigen Amtes lief. »Wir haben Sicherheitspolitik nicht nur in den engen Grenzen bewaffneter Streitkräfte gesehen«, erklärt Quandt, »sondern Projekte im Land unterstützt, die den Sicherheitsbegriff viel weiter fassen: den Aufbau der Zivilgesellschaft, der Justiz, eines staatlichen Gemeinwesens. Das ist auch bei der Bevölkerung vergleichsweise gut angekommen, die haben durchaus zwischen amerikanischen und deutschen Soldaten unterschieden. Wir teilen gemeinsame Werte, aber die Herangehensweise ist eine andere.«

Als ich wissen will, inwiefern sich die Herangehensweise unterschied, antwortet Quandt nur: »Ich war froh, Schwarz-Rot-Gold auf meiner Uniform zu haben und nicht das Sternenbanner.« Vielsagend genug. »Der Abzug in Kabul hat deutlich gemacht, dass Europa ohne die militärischen Fähigkeiten nicht auskommt, die bislang nur die USA haben«, fügt er hinzu. »Aber die USA blicken nach China. Sie haben lange vor Donald Trump entschieden, dass ihr Fokus nicht mehr auf Europa und unserer Sicherheit liegt. Spätestens seit Obama musste uns das klar sein. Wir müssen die Frage nach einer europäischen Koalition der Willigen im Positiven stellen. Das ist, glaube ich, eines der Zukunftsprojekte der Europäischen Union.«

Europäische Familiengeschichte

»Wenn du Nummer sechs bist, bist du eh nicht an der Macht«, sagt Bruno Fichefeux. Er ist mit sieben Geschwistern in einer katholischen Familie in der südfranzösischen Hafenstadt Toulon aufgewachsen und hat früh gelernt, was es heißt, sich in einer Gruppe zurechtzufinden. Heute koordiniert er, wie schon erwähnt, das Rüstungsprojekt FCAS zwischen Frankreich, Deutschland und Spanien. »Das ist wie in einer Großfamilie: Du hast nicht dein eigenes Spielzeug wie ein Einzelkind, du nimmst das von deinem großen Bruder.« Aber nicht alle gehen die Familienaufstellung so gelassen an wie Fichefeux. Immer wieder geht es um »national sensible« Bereiche, um die Angst, übervorteilt zu werden und eigene Souveränität einzubüßen.

FCAS ist ein Lehrstück in europäischer Gegenwart. Die trilaterale Kooperation zeigt die Schwachstellen europäischer Zusammenarbeit und die subkutan immer noch bestehenden Grenzen auf. Rüstung und Technologie sind in gewisser Weise die Intimsphäre eines Landes. Wie viel technologisches Wissen möchte man national für sich behalten? Wie tief lässt man andere Nationen in die eigenen sicherheitspolitischen Karten schauen? Was wird als »national sensibel« für das eigene Land beansprucht und nicht aus der Hand gegeben? Und wer zahlt wann wie viel?

»Es gibt die Befürchtung, jeder verfolge erst mal seine

eigenen Interessen, ohne etwas für das Gemeinsame zu opfern«, sagt Fichefeux. »Wenn man investiert, will man sicherstellen, dass es Rückfluss in den nationalen Technologiemarkt gibt. Man will unabhängig bleiben trotz Zusammenarbeit.«

Dennoch nennt Fichefeux Großprojekte wie FCAS das »Fundament europäischer Kooperation«. Nicht die Narrative, die Benjamin Zeeb gern durch die Netzwerke schicken würde, nicht die warmen Worte von Paul Ziemiak oder Lars Klingbeil sind es, die Europa den Rücken stärken. »Du schaffst Zusammenhalt, indem du ihn lebst«, sagt Fichefeux. »In Großprojekten brechen alte Muster auf – etwa die sture Vorstellung: Ich habe es immer allein gemacht. Natürlich, wir werden kritisiert, weil wir in Deutschland zu französisch und in Frankreich zu deutsch sind. Wenn wir streiten, wird es automatisch politisiert. Aber wenn wir eine vernünftige Kooperation und eine Linie vertreten, dann bewegt sich viel.«

Fichefeux glaubt an Europa, und vor allem glaubt er an die Notwendigkeit, dass sich Europa global nicht abdrängen lässt. Den Machtkampf zwischen China, Russland und den USA sieht er immer harscher werden, dort gehe es um Konkurrenz, nicht um Kooperation. »Wir haben doch etwas anzubieten, ein Wertesystem, das Wirkung haben kann. Toleranz, Respekt, die Fähigkeit zuzuhören – wenn wir diese Werte nach außen vermitteln könnten, dann hätte Europa eine großartige Rolle.«

Doch genau diese Werte oder, böse gesagt, das Missionarische an ihnen bilden gleichzeitig ein Problem europäischen Engagements. Wenn du eine neue Brücke willst, musst du auch Demokratie wollen, fordert die EU, dann wird verhandelt, hin und her. In der Zwischenzeit baut

China eine Hochgeschwindigkeitsstrasse von Nairobi nach Mombasa, und niemand muss dafür chinesische Werte feiern, die Rechnung ist einfacher: Die Nutznießer müssen nur zahlen, und zwar in der Regel dadurch, dass sie Zugang zu ihren Rohstoffen gewähren. Im heutigen Kampf der Systeme hat der Westen nicht mehr eine so überlegene Position wie noch im Kalten Krieg, denn anders als damals haben autoritäre Regime wirtschaftlich aufgeholt, sie sind Konkurrenten und Partner zugleich. Dass es Wohlstand auch ohne bürgerliche Freiheiten gibt, beweist das autoritär regierte China, das durch seine außenpolitische Werteindifferenz zudem in seinem wirtschaftlichen Engagement flexibler ist als der Westen. Wenn man einen Kontinent erobern will, kann man es mit Säbelrasseln und erhobenem Zeigefinger tun, oder man verlegt Gleise, baut Straßen und Brücken, besitzt die Infrastruktur, über die das Kobalt von den Minen im Kongo zu den Häfen Kenias gelangt. Blicken wir auf unseren Nachbarkontinent Afrika, ist schon heute klar, wer den Kampf um die Rohstoffe gewonnen hat, und es ist nicht der Westen.

»Wir könnten der neue Peacekeeper sein«, glaubt Fichefeux dennoch. »Wir müssen es«, fügt er hinzu.

Dabei lässt sich durchaus grundsätzlicher kritisieren, wie Europa global agiert. Die Exporte bestehen bekanntermaßen nicht nur aus Frieden, sondern oft auch aus Waffen, die Investitionsinteressen nicht ausschließlich aus Nächstenliebe, sondern gern aus Rohstoffen zu günstigem Preis, und Kooperation auf Augenhöhe schlägt vielfach in Ignoranz und alte Überlegenheitsfantasien um. Im Jahr 2000, als China sich um Infrastrukturmaßnahmen in Afrika bemühte, titelte der britische *Economist* »The hopeless continent«, darunter das Foto eines schwer bewaffneten Mannes, umrandet von den Konturen Afrikas.* Der Westen hatte den Kontinent abgeschrieben, der Osten hatte ihn für sich entdeckt.

Einige Jahre später fiel auch Europa auf, dass man die Zukunft des südlichen Nachbarn besser nicht verpasste. Dass ein afrikanisches Land lieber mit China oder Russland zusammenarbeiten könnte als mit den ehemaligen Kolonial-herren Frankreich, Deutschland oder Großbritannien, die nun Ruanda mit einer Produktionsstätte von VW oder An-golas Korallenriffe mit Erdölpumpstationen von Total und Shell beglückten, dieser Gedanke war bis dahin eher selten aufgekommen.

Wer die EU abschreibt, wird früher oder später in einem illiberalen Staat, in oligarchischen Strukturen und in einem regelentbundenen Staatskapitalismus aufwachen – das ist die Drohkulisse, die sich bereits in dem einen oder anderen Mitgliedstaat abzeichnet. EU-Befürworter weisen auch des-halb mit solchem Nachdruck auf sie hin, weil zudem die Angst, China könnte sich die wichtigsten Ressourcen si-chern und ein zersplittertes Europa machtpolitisch und öko-nomisch abhängen, berechtigt ist. In diese Befürchtung mag alte Überheblichkeit hineinspielen und der Glaube, nur unter europäischer Führung sei die Welt eine lebenswerte. Die expansiven und autoritären Bestrebungen Chinas sind aber offenkundig, die Unterdrückung nicht genehmer Indi-viduen wie Volksgruppen im Land selbst hat sich in den entsetzlichen Bildern der »Umerziehungslager« gezeigt, mit deren Hilfe die islamisch geprägte Minderheit der Uiguren

---

* Darauf wies mich meine kenianische Schriftstellerkollegin Yvonne Owuor hin.

langfristig mindestens kulturell ausgelöscht werden soll. Die Kontrolle des Einzelnen dringt durch alle Kapillaren des Lebens, und die Ideologie des ewigen Staatschef Xi Jinping ist nun Schulstoff. Indoktrination ganz ohne Versteckspiel. Für Europa steht jedenfalls fest: Wenn wir nichts tun, wird vermutlich nichts so bleiben, wie es ist.

Aber nicht alle wollen etwas tun, jedenfalls wollen manche erst mal nicht zu eng zusammenwachsen. »Es gibt keine Union, es gibt 27 Einzelländer«, spitzt es Oberstleutnant Ebersoll zu. »Wenn einige EU-Länder nicht bereit sind, in eine gegenseitige europäische Abhängigkeit zu gehen, dann kann es auch schiefgehen«, fürchtet Fichefeux. Und das gilt für die europäischen Großprojekte ebenso wie für das Großprojekt EU selbst.

»Wenn Deutschland scheitert, scheitert die EU«, so hat es Paul Ziemiak in unserem Gespräch formuliert. Es liegt etwas Paradoxes darin, denn ebenso droht es der EU zu schaden, sollte Deutschland weiterhin so stark und dominant bleiben, wie es in der Ära Merkel war. »Deutschland ist eigentlich zu groß für Europa, aber zu klein für die Welt«,* fasst es Benjamin Zeeb zusammen. Deutsche Dominanz könnte gerade in jenen EU-Ländern Fliehkräfte auslösen, die durch den Ostblock lange genug erfahren haben, was es bedeutet, von einem fremden Machtzentrum dominiert zu werden.

»Die Aversionen der Peripherie im Verhältnis zum Zentrum der EU haben das Zeug, in diesen Ländern eine Hinterlassenschaft der Geschichte wieder aufleben zu lassen oder auch neu zu schaffen«, warnte die Philosophin Ágnes

---

* Das Zitat wird Henry Kissinger zugeschrieben.

Heller, »einen ethnischen Nationalismus, der von skrupellosen politischen Akteuren aufgegriffen und eingesetzt werden kann, um sich eine Macht zu sichern, die keinen Widerspruch mehr kennt.«[28]

Natürlich genügt es nicht, an der Peripherie der EU zu sein, ob dies nun geografisch, ökonomisch oder kulturell verstanden wird. Es müssen auch die »richtigen« Demagogen zum richtigen Zeitpunkt auftreten, um die Illiberalität voranzutreiben und die Angst vor Marginalisierung zu instrumentalisieren. Polen und Ungarn sind weniger in Gefahr, in der EU übersehen zu werden als etwa Rumänien oder Litauen, und dennoch sind sie die EU-Mitglieder, die auf dem Weg hinaus aus der Rechtsstaatlichkeit am weitesten fortgeschritten sind. Dass das polnische Verfassungsgericht im Oktober 2021 EU-Recht entmachtete, ist ein weiterer Meilenstein auf dem Weg hinaus aus der Union und ein Beitrag zu ihrer Zerschleißung.

Wie die EU zukunftsfähig bleibt, vielleicht überhaupt erst wird, wie diese Patchworkfamilie zusammenwächst, ihre inneren Widersprüche aushält, sich im besten Fall sogar dadurch stärkt und wie sie den offenen Bruch mit Rechtsstaatlichkeit seitens der illiberalen »Demokratien« überwinden kann, auch das liegt zu wesentlichen Teilen in den Händen unserer Generation. Wenn das Projekt EU misslingt, so viel ist klar, wird Europa eine Vergangenheit haben, aber keine Zukunft, in der seine Stimme noch laut gehört wird, weder in ethischen noch in politischen Grundsatzfragen.

Obwohl diese Prognose nicht neu ist, scheint das erstaunlich wenige Menschen in Europa zu beunruhigen. Die einen haben sich ohnehin in einen Nationalismus zurückgezogen und übersehen, dass dieser nur aufgrund der supranationalen EU so gut läuft und dass ohne diese der relative Wohlstand auf Raten ausgehen wird wie den Briten das Benzin. Den anderen ist Europas Dominanz aus historischen Gründen sowieso suspekt. Sosehr man das nachvollziehen mag, das Problem an ihrer Position ist, dass gegenwärtig keine andere Staatengemeinschaft so deutlich eine diverse und rechtsstaatliche Lebensweise verteidigen kann wie die EU. Und das vielleicht gerade, weil der europäische Kontinent eine so grausame Geschichte hat.

»Es kann passieren, dass Europa aufgegeben wird, zerrieben zwischen anderen Großmächten«, sagte Paul Ziemiak im Gespräch und malte das Bild einer solchen Zukunft: Ein Teil würde nur noch russisches Anhängsel sein, ein anderer Teil amerikanisches oder chinesisches Einflussgebiet. Wenn es dagegen gelänge, das Projekt mit neuer Kraft zu beleben, könne Deutschland oder Europa ein prosperierender Anziehungspunkt sein, gelebte Freiheit, die mit klaren Regeln flankiert sei wie etwa einem fairen Arbeitsschutz, mit dem es die USA nicht aufnehmen können, und einem Rechtssystem, das eines der besten der Welt sei. »Wir stehen vor einer Zäsur«, so Ziemiak. »Vom Ende des Kalten Kriegs bis zu 9/11 ist eine Phase gewesen, von 2001 bis heute ist eine Phase gewesen. Und nun beginnt die Phase der neuen gesellschaftlichen Aushandlungen. Ob es gelingt, wird sich auch daran entscheiden, ob wir bereit sind, Widersprüche auszuhalten.«

Wahlkampf

Will man verstehen, wie demokratischer Wettbewerb funktioniert, kann man sich Talkshows, Rhetorikanalysen, Politikerbiografien ansehen. Oder man kann sich erklären lassen, wie Wahlplakate zu hängen sind. Nicht zu tief, nicht zu hoch, nicht an denkmalgeschützten Laternen, nicht an Laternen mit Straßenschildern. Andernfalls droht Bußgeld.

Im Roten Laden in Berlin-Friedrichshain bekomme ich um elf Uhr abends meine Einführung in parteipolitische Basisarbeit und nippe am Bier, während der Einsatzleiter das Quartier in drei Abschnitte teilt. Im geöffneten Pizzakarton liegt noch ein Stück Margherita, unter der Spüle häuft sich Altglas. Draußen regnet es, aber das wird uns nicht abhalten. Wenn man sich gemeinsam die Nacht um die Ohren schlägt, rückt man fast automatisch zusammen. Der Blick auf die Uhr ist erwartungsvoll wie zu Silvester.

Um Mitternacht soll das erste Plakat hängen. Es gilt, die besten Masten vor den anderen Parteien zu erobern, zumindest hier in Friedrichshain, wo die Linke auf guten Wählerzuspruch hoffen kann. Meine eigene Wohnstraße im Westen der Stadt werde ich am nächsten Morgen paritätisch zwischen CDU und SPD aufgeteilt vorfinden. Vierhundert Meter alte Bundesrepublik.

»Ob Wahlplakate überhaupt etwas bringen, darüber

kann man sich streiten. Aber wenn man nicht mitmacht, fällt es negativ auf«, sagt Yvonne und verstaut drei weitere Plakate in einem Lastenrad. Sie arbeitet im Bundestagsbüro von Victor Perli, mit dem ich vor einigen Jahren in einem Lesekreis zu Antonio Gramsci saß, in einer Gruppe aus Sozialarbeitsstudentinnen, Promovierenden und einigen Älteren, die jenseits der akademischen Welt lebten. Jeden Mittwochabend stieg ich am Ostbahnhof aus, ging die winterdunkle Straße der Pariser Kommune entlang zur Rosa-Luxemburg-Stiftung, links und rechts leuchteten einige Fensterrechtecke in den Plattenbaukolossen. Nach dem Seminar saßen wir oft noch beim Italiener neben der Stiftung, ein Lokal mit rustikaler Dekorwand aus unbehauenem Stein und Eros-Ramazzotti-Musik, und Victor erzählte von seinem Vater, der direkt nach der Wende nach Quedlinburg gegangen war, um dort das erste italienische Restaurant Ostdeutschlands zu eröffnen.

Vielleicht weil ich nie tagsüber in der Straße der Pariser Kommune war, strahlte die Gegend eine besondere Trostlosigkeit auf mich aus, wie jenes Gewerbegebiet, in dem ich noch zu Schulzeiten ein halbes Jahr lang gewohnt hatte. Morgens auf dem Schulweg rief mir ein betrunken im Fenster hängender Nachbar Anzüglichkeiten nach, nachmittags war es mir unangenehm, an der Bushaltestelle wieder auszusteigen. Wer damals aus dem beklemmenden Wohnkomplex rauswollte, schuftete in der Regel gegenüber bei Penny während der Inventur und kam am Ende doch nicht weit. In der Straße der Pariser Kommune wirkte dagegen alles zu groß und zu anonym auf mich, um beklemmend zu sein. Hier ging man eher verloren, dachte ich auf dem Weg zurück zum Ostbahnhof. Wer bemerkte schon den Nachbarn, der im achten Stock am Fenster saß und wer weiß was rief? Und was bemerkte er von dort oben? Passanten? Wahlplakate? Oder nur den vorbeirauschenden Verkehr?

Möglich, dass Straßenplakate in einer Zeit, in der die meisten Menschen länger auf Browserfenster als auf die Straße vor ihrem Haus blicken, nicht viel mehr sind als ein Ritual, aber ohne Rituale funktioniert das politische Spiel nicht. Sie geben Halt und halten zusammen. Das gemeinsame Ziel, konkret, erreichbar, bindet die abstrakte, unübersichtlich und fern wirkende Sphäre der großen Politik zurück an Handfestes. Mit Kabelbinder auf einer Leiter bewegen wir etwas, auch wenn es nicht die Welt ist, die wir aus ihren Angeln heben. Drübergehen oder hochschieben sind die beiden Losungen, wenn ein Mast schon von einem anderen Parteiplakat behangen ist.

Vor dem Laden unterhalte ich mich mit einem Doktoranden über das, was er die »Lücke der Kohljahre« nennt. Junge und alte Menschen engagierten sich parteipolitisch, aber die Jahrgänge dazwischen: nichts. Leere. Natürlich hätten Leute weniger Zeit, wenn sie Kinder zu Hause betreuten und Geld verdienen müssten. Das erkläre aber nur die Tendenz, nicht das Ausmaß, meint er. Die unpolitischen 90er hätten viele von der Politik weggetrieben.

Ich nicke und denke an das, was ich in den vergangenen Gesprächen immer wieder hörte. Die 90er haben wir verpennt, sagte Rosa Riera. Verschlafen, sagte Daniel Kehlmann. Eine Zeit, die keine Herausforderungen kannte, sagte Lars Klingbeil.

Im Osten sei es noch verheerender, meint der Doktorand. Durch die DDR-Erfahrung und die mehr schlecht als recht verlaufene Transformation säße die Berührungsangst gegenüber etablierten Parteien tief.

»Verliert die Linke dort ihre Stimmen an die AfD?«, will ich wissen.

»Nein, sie verliert keine Stimmen, sie verliert Wähler«, antwortet er. Die Alten wählten noch links, aber sie würden weniger. »Die junge Generation, die nach '89 sozialisiert wurde, ist von Anfang an nach rechts orientiert gewesen.«

Macht er es sich damit nicht doch zu leicht? Kann der demografische Wandel den Verlust der Hälfte der Linken-Wählerstimmen im Osten erklären, der sich seit dem Einzug der AfD in die Landtage und den Bundestag vollzogen hat?[*] Konnte im Umkehrschluss die Linke nur dann wirklich stark sein, als sie noch klar als Nachfolgerin der SED verstanden wurde – ein Etikett, das die Partei ja gern loswerden will?

Ich bekomme noch einen Strandball mit dem Aufdruck »Zur Sonne, zur Freiheit« geschenkt, dann räumen Yvonne und ich die letzten Plakate ins Lastenrad. Der Kabelbinder ist schon durch die Laschen gefädelt, damit wir die Plakate nur noch wie ein Sandwich um die Masten klappen und den Binder festziehen müssen. Mit dem Rad, fünfzig Plakaten und einer Leiter ziehen wir los in die dunkle, regennasse Nacht.

Drei Wochen später sitze ich mit Christian Lindner in seinem Dienstwagen, Mercedes S-Klasse, und fahre durchs Bergische Land. Die schicken Flachbildschirme vor uns sind ausgeschaltet, in der Armlehne ist eine Minibar eingelassen,

---

[*] Mit Ausnahme der Thüringer Landtagswahl, bei der die Linkspartei unter Ministerpräsident Bodo Ramelow weiterhin sehr gut abschnitt.

San Pellegrino für alle. Aufpreis fürs Kühlfach laut Katalog 1368,50 Euro.

Plakate hat auch Lindner schon geklebt, noch mit Malerbürste. Früher sei es eine Art Initiationsmoment gewesen, erzählt er, wenn die Älteren in der Partei den Jüngeren verrieten, wie das perfekte Mischungsverhältnis von Kleister zu Leim sei, damit die Plakate gut hielten und nicht durchnässten. In der FDP ist Lindner, seit er vierzehn ist, genügend Jahre fürs Plakatieren hatte er also, ehe er mit nur dreißig Jahren Generalsekretär unter Guido Westerwelle wurde.

Ich stelle mir vor, wie er mit einem Tapezierpinsel durch Wermelskirchen zieht, seine Heimatstadt, westdeutsches Durchschnittsidyll mit hübschem hügeligem Umland, schlechter Busanbindung, Fachwerk und 70er-Jahre-Bausünden. Ebendort war unser Treffpunkt: Zwischen Rathaus, Bank und Eisdiele, quasi am Knotenpunkt kleinstädtischer Infrastruktur, hat die FDP den Wahlkampfstand aufgebaut. Leider auch vor der lauten Bushaltestelle, was das Reden erschwert, aber das sollte man als FDP-Frontmann gewohnt sein. Die *heute-show* war schon da, die gelben Windräder auf den Stehtischen dürften fluffige Kulisse für ein paar Witze auf Kosten der Liberalen gewesen sein. Eine ältere Dame wollte wissen, ob Lindner sich noch an sie erinnere. »Natürlich, Frau Baumann!« Seine frühere Nachbarin, erklärt er mir später.

Wermelskirchen ist Heimspiel. Lindner erzählt in seiner Rede von seinen Großeltern, die sich als Vertriebene und nur mit Volksschulabschluss hocharbeiteten. Von der Wichtigkeit chancengerechter Bildung. Von Digitalisierung und Klimawandel. Wie könne sich jemand Patriot nennen und beim Anblick des deutschen Waldes noch den menschengemachten Klimawandel leugnen?, fragt er und zielt damit auf die AfD. So jemand könne sein Land nicht kennen und schon gar nicht lieben, sagt Lindner. Sanfter, aber ebenfalls auf eigenem Terrain werden die einstigen Hauptrivalen der FDP geschlagen. Lindner spricht von den noblen Menschen der grünen Partei, die Verzicht predigten und Deutschland sicher zum Moralweltmeister machten, aber wenn man in den globalen Süden schaue, auf welchen Wohlstand sollten die Menschen dort denn verzichten? Nicht Moralweltmeister, sondern Technologieweltmeister müsse Deutschland werden.

Als er über Habecks Laufbahn als Schriftsteller spricht, nickt er mir zu. Ein im Prinzip einfacher Trick: Im Publikum den einen und die andere persönlich adressieren. Das vermittelt ein Gefühl von Verbundenheit, von Interesse für die Zuhörer. Und dann ist es so leicht doch wieder nicht, denn abgesehen von Frau Baumann und mich spricht Lindner die Julis, einen alten Bekannten und den Kreisvorsitzenden an, und das hier ist nur der kleinste Termin an einem vollen Wahlkampftag, an dem er noch zahllose andere Menschen wiedererkennen und ihnen eine Anekdote zuordnen wird. Verbindlichkeit ist auch ein Gedächtnistraining. In Memory würde ich nicht gegen ihn antreten wollen.

Lindner und ich kennen uns seit zehn Jahren. 2011 hatte der *Zeit*-Redakteur Bernd Ulrich Lyrikerinnen und Lyriker eingeladen, für das Blatt politische Gedichte zu schreiben – was bei manchen vor allem Stirnrunzeln auslöste. Die Möglichkeit, Politiker und Politikerinnen zu treffen, nahmen nur wenige wahr, und beim abschließenden Abendessen, das die *Zeit* mit allen Beteiligten aus Literatur und Politik veranstalten wollte, meldete sich von der Literaturseite über die Hälfte krank. Der Realpolitik haftete offensichtlich etwas Schmutziges an, mit ihr wollten viele lieber nichts zu tun haben, da musste man gar nicht so verrucht sein wie ich, die ich mich ausgerechnet mit der FDP traf.

Einen Tag nach Westerwelles Rücktritt fuhr ich damals mit Lindner durchs Rheinland, um das vermutlich erste und einzige FDP-Gedicht zu verfassen. Damals gab es noch keine Minibar in der Armlehne, sondern *gut und güns-tig*-Wasserflaschen aus dem Kofferraum. Ich hörte Lindner mit Solms, Rösler und seiner damaligen Freundin Dagmar Rosenfeld telefonieren. Westerwelle rief aus Tokio an. Zwischendrin fragte Lindner mich, was ich ihm raten würde: Vorsitz oder nicht? Er habe ja noch Zeit, erinnere ich mich geantwortet zu haben. Er war damals 32, ich 29. Zwei erwachsene Kinder, die Politik spielten, so kommt es mir im Rückblick vor. Trotzdem war der Rat richtig, den sicher nicht nur ich Lindner gab. Den Vorsitz übernahm dann Philipp Rösler, allerdings glücklos, in der Politik ist er heute so gut wie vergessen. Nachdem Lindner seinen Parteikollegen zwei Jahre später beerbte, hielt er sich durch alle Häme und Oppositionsjahre hindurch so professionell in seiner Rolle wie niemand seiner Altersklasse. Auch und vielleicht gerade wer Lindners politische Positionen nicht teilt, wird schwer leugnen können, dass er zu einem der eloquentesten und geschicktesten Politiker mindestens seiner Generation wurde. In diesem Wahlkampf 2021 wirkt er vollständig in seiner Rolle angekommen. Die Provokation um der Provokation willen, die man noch von Westerwelle kannte, hat er abgelegt. Er mag seine Konkurrenten scharf kritisieren, weiß aber auch, wie man Bindungen über Parteigrenzen hinweg schafft, und er hat die zum wirtschaftsliberalen Zweig zusammengeschrumpfte Wählerklientel wieder erweitert um Bürgerrechtsbewegte und polyglotte Start-up-Gründer. Dass er im Wahlkampf noch wie das einsame Zentrum seiner One-Man-Show wirkt, könnte man ihm allenfalls als Führungsschwäche auslegen.

Anderen den Vortritt zu lassen, scheinbar oder tatsächlich für den Moment zu unterliegen, kann in der Politik das eleganteste Mittel sein, um ganz nach oben zu kommen. Vorausgesetzt, man ist bereits in der Position, in der die Macht zum Greifen nah ist. Man denke an Angela Merkel, die 2002 im Kampf mit ihrem CSU-Rivalen Edmund Stoiber um die Kanzlerkandidatur zurücksteckte. Robert Habeck ist jetzt in einer ähnlichen Position, mit dem Unterschied, dass die Grünen noch keine solide Volkspartei sind und die Chance aufs Kanzleramt einmalig gewesen sein mag.

Annalena Baerbock säße einfach in der falschen Position, sagt Lindner. Wenn sie am Ende Ministerin würde, wäre ihre Karriere immer noch steil, von einer Büromitarbeiterin in wenigen Jahren zum absoluten Spitzenpersonal der Grünen. Aber für die Rolle einer Kanzlerkandidatin sei sie politisch nicht reif genug, darum mache sie jetzt eine so schlechte Figur. Das klingt deutlich strenger als noch in Lindners Parteitagsrede im Mai, in der er sich trotz aller politischen Unterschiede ein wenig mit seiner Generationsgenossin verbündete. Dieses Band wird er auch direkt nach der Wahl wieder enger knüpfen: FDP und Grüne als neues Parteiduo der Mitte, das Bürgerlichkeit ins 21. Jahrhundert übersetzt und bei Erstwählern großen Zuspruch findet.

»Die junge Generation muss die Karten neu legen, das Leben unserer Eltern können wir nicht einfach wiederholen«, sagt Lindner und zählt auf, was er besorgniserregend findet, von der zunehmenden Polarisierung der Gesellschaft über mangelnde Bildungschancen, soziale Fliehkräfte, veraltete Industrien und blockierenden Bürokratismus bis hin zur Klimakrise, dem Plattformkapitalismus aus dem Silicon

Valley, Chinas Expansionsdrang und die dortigen Menschenrechtsverletzungen.

»Es geht um einen großen neuen Aushandlungsprozess«, erklärt er. »Die Vorboten spüren wir schon.« Lindner ist für gewöhnlich auf dynamischen Optimismus abonniert und spricht lieber über Chancen als über Probleme – oder wie es der gern hämisch zitierte Ausspruch aus seiner Jugend zusammenbringt: »Probleme sind nur dornige Chancen.« Doch dann sagt sogar er: »Die Art, wie wir leben, ist so nicht fortsetzbar. Aber wir geben uns derzeit noch der Illusion hin, dass es ginge.«

Wie ich eigentlich zu unserem Treffpunkt in Wermelskirchen gekommen sei, erkundigt er sich noch. Über Solingen und dann mit dem Bus? Ich lächle Lindner an. Wann ist er wohl das letzte Mal mit dem Bus nach Wermelskirchen gefahren? »Von Wuppertal aus mit dem Taxi«, sage ich. »Uber hat nicht funktioniert.«

Drei Stunden später sitze ich in dem einzigen ICE, der abends noch von Hamm Richtung Berlin fährt. Die leeren Bahngleise in der Dämmerung erinnern an den langen Lockdown des Winters. Als reihte sich ein Lockdown an den nächsten. Als wäre das die neue Normalität. Es ist aber Streik der Lokführergewerkschaft GDL. Als ich nach Hause komme, finde ich das neue Buch von Katja Kipping im Briefkasten. Der Absender, die Rosa-Luxemburg-Stiftung, wie eine alte Erinnerung.

TEIL III

Wonach wir greifen

Kandidaten und Koalitionen

Es könnte die Wahl meiner Generation sein. Von einer neuen Zeit nach dem Ende der Amtszeit Merkels ist in den Wochen um die Bundestagswahl 2021 ständig die Rede. Dabei ist die neue Zeit längst da: Sie zeigt sich in der Pandemie, die unseren Alltag wie unser Sicherheitsverständnis fundamental erschüttert hat, im Extremwetter, das längst auch mitten in Europa Verwüstungen anrichtet und Todesopfer fordert, sie äußert sich in den außerparlamentarischen Bewegungen, die ihr Misstrauen gegen die bestehende Demokratie laut und hitzig artikulieren. Sie zeigt sich aber auch in den Videokonferenzen der Staats- und Regierungschefs, die von Vetodrohungen Ungarns und Polens im Streit um das EU-Budget überschattet werden, und nicht zuletzt in der gewandelten globalen Machtverteilung. Die alten Lösungen genügen für die neue Zeit nicht mehr, das spürt man allenthalben.

Wir könnten die Generation mit den neuen, passenden Antworten sein, die Generation, der es noch gelingt, mit demokratischen Mitteln die Weichen so drastisch umzustellen, dass wir nicht sehenden Auges immer tiefer in einen irreversiblen Krisenkreisel des Klimas und der Gesellschaft stürzen, in eine Zerstörung unserer natürlichen Lebensgrundlage wie unseres freiheitlichen Zusammenlebens, zwei unterschiedliche Phänomene, die uns doch gleichzeitig in

Schach halten und sich gegenseitig verstärken. Wir könnten jene Generation sein, die zwischen einem trägen »Weiter so« der Älteren und der Umsturzwut der Jüngeren vermittelt.

Ausgerechnet wir? Die Stillen, die Geschmeidigen, oft auch Angepassten? Wir, die erste Generation, die sich an Katzenvideos und Mausklicks als Ersatz für zivilgesellschaftliches Engagement gewöhnte, wir sollen diese Wende vollbringen? Sind wir nicht die verschlafene Generation, die man besser überspringt, um den hoch professionalisierten Aktivisten der jüngeren Generation den Weg freizumachen?

Die Antwort ist so simpel wie zwingend: Wir sind die letzte Generation, der ein rapider und zugleich einigermaßen sanfter Wechsel noch gelingen kann. In ein paar Jahren wird es schlicht zu spät sein. Während die Polkappen schmelzen, verhärtet sich das soziale Gefüge ideologisch. Wenn sowohl der gesellschaftliche als auch der klimatische Kipppunkt überschritten sind, wird der Ruf nach einem Umsturz des parlamentarischen Systems so laut werden, dass man die weniger radikalen Vorschläge kaum noch wird hören können. Schon jetzt formulieren jene, die sich das Megafon gegriffen haben, immer häufiger ihre Skepsis gegenüber demokratischen Prozessen. Die einen haben keine Geduld mehr für gemächliche Verhandlungen und für Entscheidungen, die über Jahre aufgeschoben wurden. Die anderen lehnen eine offener werdende Gesellschaft ab, weil sie ihre alten Macht- und Besitzansprüche bedroht.

Die Generation nach uns agiert schon jetzt politischer, lauter und öffentlichkeitswirksamer, aber eben auch polarisierender und unversöhnlicher, und diese Tendenz wird, sofern sich nichts ändert, in den kommenden Jahren weiter zunehmen, nicht nur bei den Jüngeren. Zwar gibt es auch neue gemäßigte Lager wie die paneuropäische Bewegung Volt, doch insgesamt wächst die Ambiguitätsintoleranz: Man bezieht sich links wie rechts wieder stärker auf einen Wahrheitsanspruch, der keine Kompromisse kennt. Das oft abwertend gebrauchte Schlagwort der Generation »Schnee-flöckchen« mag sich weich anhören, auf die überzogene Zartheit, Verletzlichkeit und geringe Resilienz verweisen, aber ballt man nur genügend Flocken zusammen, hat man einen Schneeball, ein hartes Wurfgeschoss.

Es hat eine neue Zeit begonnen – und das ist nicht per se schlecht, denn die eingetretenen Pfade der alten Zeit füh-ren immer häufiger ins Aus. Aber es birgt zugleich eine deut-liche Gefahr, denn, wie eine Freundin mir sagte, wenn alles sich ändert, verlieren Menschen den Halt. Es stimmt eben nicht mehr der berühmte Satz von Tomasi di Lampedusa: »Wenn wir wollen, dass alles bleibt, wie es ist, dann ist es nötig, dass alles sich ändert.«[1] Er beschrieb dabei den Nie-dergang der feudalen Strukturen im Sizilien des 19. Jahrhun-derts. Wir beobachten derzeit aber die Krise des westlichen Demokratie-, Wirtschafts- und Lebensmodells. »Wenn wir wollen, dass vieles sich ändert, müssen wir auch dafür sor-gen, dass manches so bleibt, wie es ist«, so könnte unser Leit-satz lauten.

Nicht gerade einfacher wird die Sache dadurch, dass die Bedrohungen von den einen kleingeredet und von den an-deren als kaum noch aufhaltbar beschrieben werden. Han-deln scheint demnach wahlweise überflüssig oder sinnlos zu sein. Dabei muss die neue Zeit nicht die Endzeit be-deuten. Noch könnten wir durchaus zeigen, dass die De-mokratie resilient und zugkräftig ist, wenn wir uns an ihren Kern erinnern. Wir könnten beweisen, dass eine freiheitliche Gesellschaft den klimapolitischen Herausforderungen besser gewachsen ist als eine autokratische, wenn wir die Grundregeln eines fairen Haftungsprinzips zurückholen. Wir könnten vorleben, dass es Überzeugungen und Werte gibt, die sich nicht einfach wegrelativieren lassen, sofern wir sie selbst wieder ernst nehmen. Wir könnten zeigen, dass die Bedrohungen unserer Erde wie auch unseres Gesellschaftsmodells zwar da und sehr real sind, es aber auch Menschen gibt, die ihnen mit Ideen und Mut entgegentreten. Die heute Vierzigjährigen könnten die Generation einer radikalen Reform sein. Aber ist unsere Generation bereit?

»Für Baerbock ist diese Kandidatur zu früh gekommen, sie ist zu jung, zu unerfahren und politisch zu unreif. Die Wahrscheinlichkeit, dass so etwas schiefgeht, ist überproportional groß«, schrieb eine befreundete Journalistin in der *taz*.[2] Formulierte sie damit die beiden Sätze über unsere Generation? Nicht abwarten können. Alles ist möglich. Alles ist jetzt. Wir sind besser als die vor uns, das haben uns doch unsere Eltern schon erzählt. Wir können es. Wenn wir uns nur anstrengen. Wir sind lernfähig, und kein Rückschlag kann uns abhalten – weil wir persönlich noch keine Rückschläge erlebt haben.

Den Schritt von der Hoffnungsträgerin zur Leistungsträgerin habe Baerbock vermasselt, urteilte Claus Strunz, *Bild-TV*-Programmchef, im *ARD-Presseclub* mitten im Wahlkampf. Noch ein Fehler, und sie sei als Kandidatin nicht mehr haltbar. Und der nächste Fehler bahne sich ja bereits an. Dass ein *Bild*-Journalist gegen eine Grüne wettert, überrascht nicht, doch den Vorwurf, der hier nur Baerbock galt, könnte man gegen unsere gesamte Generation erheben, und die Drohung des nächsten Fehlers hängt wie ein Damoklesschwert über uns.

Nie zuvor hatte eine Generation so viele Chancen wie wir, und selten stand eine Generation unter einem solchen Druck. Selbstperfektionierung ist unser Mantra. Wir eilten die Karriereleiter wie auf einer Rolltreppe mit doppelter Geschwindigkeit hinauf.

Oder redeten wir uns das nur ein? Zu früh zu hoch gelobt, und beim Sprung in die Wirklichkeit bleiben wir am Brett hängen. Die Tragik könnte darin bestehen, dass meine Generation durch überzogene Erwartungen abgedrängt wird. Oder sich selbst abgedrängt hat. Beispielhaft dafür stehen Erfolg und Scheitern von Anne Spiegel. Mit gerade 40 strahlende Bundesfamilienministerin und Mutter von vier Kindern, nur wenige Monate später zum Rücktritt gedrängt. In ihrer letzten Pressekonferenz machte sie einen so überforderten und verwirrten Eindruck, als könne oder wolle sie sich die eigene Überlastung nicht eingestehen, als sei weniger perfekt für sie einfach nicht erlaubt.

Doch das ist nicht überall so. Emmanuel Macron, Jahrgang 1977, wurde 2017 der jüngste Präsident Frankreichs. In Finnland wurde 2019 die Sozialdemokratin Sanna Marin, Jahrgang 1985, zur weltweit jüngsten Regierungschefin gewählt. Der ugandische Musiker Bobi Wine, Jahrgang 1982, machte 2021 der jahrzehntelangen Präsidentschaft von Yoweri Museveni ernsthaft Konkurrenz, Alexei Nawalny, geboren 1976, wiederum dem russischen Präsidenten Wladimir Putin, in der Ukraine setzte sich 2019 Wolodymyr Selenskyj, geboren 1978, gegen den amtierenden Präsidenten Petro Poroschenko durch, und die belarussische Opposition um Maryja Kalesnikawa, geboren 1982, wagte es, sich gegen den diktatorischen Machthaber Alexander Lukaschenko zu stellen. Eigentlich hat sich die »Generation Aufbruch« international bereits etabliert, nur in Deutschland ist mir bisher nicht einmal dieser Name für meine Generation eingefallen, dabei liegt er, wenn ich mich auf dem globalen Parkett umsehe, auf der Hand.

Die Kandidatur Baerbocks in Deutschland war nicht nur das Versprechen einer Generationenwende, sie stand auch für das Versprechen und den Glauben, unsere Generation könne es besser als die Generation vor uns, und sie könne es jetzt schon und gerade jetzt. Es war ein engagierter Aufbruch, mit aller Überheblichkeit und Naivität, die ein solches Voranstürmen mit sich bringt. Im Wahlkampf wurde deutlich, dass weder Baerbock noch ihre Generationsgenossin, die grüne Partei, beide Jahrgang 1980, ausreichend vorbereitet waren auf das, was eine Kanzlerinnenkandidatur mit sich bringt. Man konnte Wahlkampf, aber den Kampf ums Kanzlerinnenamt verstanden beide offensichtlich noch nicht. Baerbock war eine Kandidatin, die Niederlagen nicht kannte und nicht genügend Zeit hatte, sich daran zu gewöhnen, auch mal schmerzhaft zu fallen. Am Ende ging es aber nicht nur um mächtige Patzer, sondern außerdem um falsch eingeschätzte Macht und Möglichkeiten. Robert Habeck hätte vermutlich eine realistischere Chance aufs Kanzleramt gehabt, doch Baerbock ging es nicht schnell genug, sie übernahm sich, und den Grünen ging es nicht korrekt genug, sie wollten die Frauenquote auch da noch halten, wo der Mann befähigter schien.* So wurde die historische Möglichkeit einer grün geführten Bundesregierung fürs Erste verspielt.

---

* Gegen Habeck wird gerade aus dem Politikbetrieb hin und wieder angeführt, ihm fehle das Fachwissen, er mache Patzer, sobald es konkret

»Aber vielleicht ist es doch die Wahl unserer Generation«, sage ich, als ich Anfang Oktober wieder mit Katja
Kipping im Treptower Park spazieren gehe. Der Boden ist
laubig und aufgeweicht vom Regen. Wenige Menschen sind
unterwegs. Die Enttäuschung über die 4,9 Prozent für die
Linke ist Kipping anzumerken, und das Wetter ist ein wenig
wie die Katerstimmung nach einer Niederlage. »Wenn die
Linke nicht anschlussfähig bleibt, dann hat sie sich erledigt«,
hatte Kipping einen Parteikollegen bei unserem ersten Spaziergang zitiert – ist es jetzt so weit?

Ursachenanalyse zwischen Insel der Jugend und Sowje-
tischem Ehrenmal: eine auf drei Kanzlerkandidaten fokussierte Wahlberichterstattung, eine uneinige Linke, das Ab-
stimmungsverhalten gegen das Afghanistan-Mandat, immer
wieder NATO, eine nach links gerückte SPD, auch wenn
Olaf Scholz sich alle Mühe gab, weder Saskia Esken noch
Kevin Kühnert vor dem inneren Auge der Wähler auftauchen zu lassen. Am Ende haben drei Direktmandate die
Linke vor dem APO-Schicksal bewahrt, das 2013 die FDP
traf. Eine dünne Legitimationsgrundlage für die nächsten
vier Jahre im Parlament.

»War es nicht doch wieder ein Wahlkampf der Männer
um die sechzig?«, fragt Kipping.

Natürlich hat sie recht, wenn es darum geht, wer in das
Kanzleramt einziehen wird. Und trotzdem, sieht man sich
die Bilder an, die das politische Terrain jenseits der Mer-
kel-Nachfolge bestimmten, war es die Wahl unserer Generation. Da ist das Vierer-Selfie aus der Vorsondierung, jener

---

werde; Baerbock sei deshalb vielleicht keine exzellente, aber die bessere Wahl gewesen.

politischen Zusammenkunft, die Christian Lindner in der Elefantenrunde mal so eben erfand, um die beiden sechzigjährigen Kanzleranwärter auf die zweite Runde zu vertrösten. Da ist das Bild aus der großen TV-Wahlkampfrunde: Janine Wissler, Jahrgang 1981, Annalena Baerbock, Jahrgang 1980, Christian Lindner, Jahrgang 1979, Alice Weidel, Jahrgang 1979. Dazwischen wirkten Scholz, Laschet und Söder wie eine in die Jahre gekommene Männerclique.

Eine weitere Botschaft aus diesem Wahlkampfjahr ist, dass die Zukunft der sogenannten Volksparteien sich nicht allein in der SPD und der CDU entscheiden wird, sondern auch bei Grünen und FDP. Diese beiden Parteien, die die meisten jungen Wähler angesprochen haben, deren Mitglieder das jüngste Durchschnittsalter unter den Parteien aufweisen (sofern man fünfzig Jahre noch jung nennen mag) und die in ihrer wirtschaftsliberalen und in ihrer linksliberalen Ausrichtung am deutlichsten die Tradition des selbstbewussten Bürgertums fortsetzen, könnten gleichsam zu einer neuen »bürgerlichen Mitte« werden. Entscheidend werden dafür die Geschmeidigen sein, die über Gräben hinweg moderieren können.

Mit 25 Menschen meines Alters habe ich gesprochen: über ihr Aufwachsen in den 90er-Jahren und ihre ersten politisierenden Erlebnisse, über unsere politische Gegenwart und nicht zuletzt über unsere mögliche Zukunft. Vielleicht muss man erst einmal unsanft fallen, um die Reife zu gewinnen, die nächsthöhere Stufe zu erreichen. Ich denke an das, was ein Freund über sein Treffen mit Christian Lindner sagte: ein kluger Kopf, aber ihm fehle Demut. Er habe noch keine wirkliche Krise erlebt.

Hinter dem, was mir meine Gesprächspartner preisgegeben haben, kommen aber durchaus Krisen, Einschnitte,

Erschütterungen zum Vorschein. Dazu zählt nicht nur die Krise der FDP 2013, wie sie Lindner in seinem Buch beschreibt, oder die Krise der Linken 2021, die ich bei Kipping heraushöre. Dazu gehören der Krieg, vor dem Omid Nouripour mit seiner Familie floh, und die Armut, die Sawsan Chebli und Christian Baron als Kinder erlebten. Nicht zuletzt zählen dazu die Diktatur der DDR und die Unsicherheit der 90er-Jahre, die jene erfuhren, die im Osten sozialisiert wurden.

Auf einer Ebene könnte unsere Generation sich noch weiter vertrauen, und das ist die der Verunsicherung, des In-Zweifel-Ziehens, wenn es um Geschehnisse in der Welt, aber auch um eigene Entscheidungen geht. »Wir werden einander viel verzeihen müssen«, um es mit den Worten von Jens Spahn zu sagen. Sollten wir in der Lage sein, an uns immer wieder mal zu zweifeln und Fehler tatsächlich zuzugeben, könnte dies zu einer großen, einer der ehrlichsten Stärken dieser Generation werden.

Zukunft schmieden

Die Kuppel des Reichstags ist noch hell erleuchtet, als ich an einem Abend Ende Oktober 2021 von einem Empfang nach Hause gehe. Eine Frau verlässt das Gebäude über die Haupttreppe, vor der tagsüber die Wagen des Fahrdienstes warten, und verschwindet in der Dunkelheit. Auf dem Empfang wurden gerade noch an einem Stehtisch Wetten auf das neue Kabinett geschlossen. Der Boden der Hauptstadt vibriere, sagte eine der Anwesenden.

Jetzt, da ich auf die Spree zugehe, sehe ich, dass in dieser Nacht das Regierungsviertel noch von etwas anderem leicht erzittert. Es sind Tanzschritte von zwei Dutzend Paaren, die sich im Freien vor den Abgeordnetenbüros versammelt haben, ein italienischer Schlager gibt den Takt vor für dieses fast südliche Bild im Berliner Spätherbst. Nach Monaten der Distanz, des öffentlichen Rückzugs, des Stillstands ist das Leben zurück, auch hier, zwischen den glatten Fensterfronten, hinter denen sich die repräsentative Demokratie tagsüber mit Aktenmappe, Smartphone und Krawatte zu erkennen gibt. Eine Tänzerin hat ihr Bein um das ihres Tanzpartners geschlungen, sie wartet auf ein Signal zum ersten Schritt.

»Noch wach?« Das ist die zweite Frage, die neben der Kabinettsbesetzung die Hauptstadt umtreibt. Der frisch gefeuerte *Bild*-Chefredakteur Julian Reichelt hatte sie einer jungen Frau geschrieben, die ihm in einem Arbeits- und offensichtlich auch in einem Liebesverhältnis untergeben war.

Reichelt ist ein Jahr älter als ich. Wäre ich in Hamburg geblieben, wären wir möglicherweise auf das gleiche Gymnasium gegangen. Er ist schnell hoch geflogen, war mit vierzig schon einer der einflussreichsten Journalisten des Landes, und er sah sich dort oben anscheinend berechtigt, alles zu nehmen, was ihm gefiel. Jede öffentliche Provokation nahm er gern mit, aber am Ende fiel er nicht darüber, sondern über Liebesverhältnisse mit Untergebenen, über die Vermischung von Privatem und Beruflichem. Und vielleicht fiel er auch darüber, dass er zuvor nie gefallen war. Dass er meinte, fliegen zu können, aber nie daran dachte, der Wind könne einmal nicht zu seinen Gunsten wehen.

Darin ist Reichelt ein Beispiel seiner Generation, wenngleich sicher nicht das vorbildlichste. Wäre Annalena Baerbock in ihrer Jugend nicht Trampolin gesprungen, hätte man die Geschichte erfinden müssen, so sehr passt dieses Bild zu einer Generation, die zwar auch mal fiel, aber nie hart, und die vor allem hoch hinauswollte. Es ist bezeichnend, dass Reichelt gerade dann gehen musste, als seine Generation antrat, entscheidende Positionen in der neuen Regierung zu übernehmen. Bezeichnend ist aber auch, wer ihm als Chefredakteur nachfolgte: Johannes Boie, zwei Jahre jünger und deutlich leiser. Als »Mann ohne Eigenschaften, geschmeidig und immer zu Diensten« beschreibt ihn der *Spiegel*.[3] Und »geschmeidig«, denke ich beim Lesen, könnte der Schlüsselbegriff für unsere Generation sein, für jene zumindest, die sich in einer Zeit der Optimierung und der erschöpften Ideale nach oben gearbeitet haben. Die Geschmeidigen tanzen im Zentrum der Berliner Republik, und während die einen auf den Takt zum Einsatz warten, stürzen die, die nicht geschmeidig genug sind, bereits über ihre eigenen Skandale.

Biegsam, nachgiebig, leicht zu bearbeiten, so definiert das etymologische Wörterbuch das Geschmeidigsein. Übersetzt ins Politische, kann das einen Mangel an Härte und Beharrlichkeit bedeuten, einen Hang zum Angepasstsein, gar zum Opportunismus. Es kann aber auch bedeuten, dass sich Geschmeidige leicht in neue Situationen einfügen, kompromissfähig sind und nachgeben können, dass sie die ideologische Verhärtung hinter sich gelassen haben und über Parteigrenzen und unterschiedliche Wertvorstellungen hinweg das Verbindende finden, wo andere nur auf das Trennende blicken. Es kann nicht zuletzt bedeuten, dass genau sie die Richtigen sind, um nach jahrelangem Verwalten des Stillstands die Transformationen voranzubringen, die nicht nur in der Bundesrepublik überfällig sind.

»Wir können einen Beitrag leisten, politische Frontstellungen aufzuweichen und neue politische Kreativität zu entfachen«, hieß es im Sondierungspapier von SPD, Grünen und FDP.[4] Dieser Satz trägt die Handschrift der Geschmeidigen, und er unterstreicht die Stärke von Politikerinnen und Politikern dieser Generation, die nun Verantwortung im Großen übernehmen wollen. Das Verbindende stärken gilt von Ziemiak und Lindner über Klingbeil und Baerbock bis zu Kipping als Kern ihrer politischen Arbeit, auch wenn es sich jeweils anders ausnimmt. Ziemiak will eine neue Mitte stärken, Klingbeil hält die Flügel der SPD zusammen, Baerbock und Lindner versuchen ihre Partei über die alte Stammklientel hinaus zu öffnen und sich zugleich mit ihren einstigen Erzrivalen koalitionär anzufreunden, und Kipping wirbt seit Jahren für neue linke Mehrheiten.

Dass die jetzige Politikergeneration kreativ ist im Zusammenführen unterschiedlicher Positionen und politischer Herkünfte, ist ein großes Pfund. Neben allen Sach- und Detailfragen ist es für die kommende Koalition entscheidend, Lagerbildungen aufzulösen, die sich um Ökologie auf der einen und Ökonomie auf der anderen Seite gebildet haben, um die Klassenfrage hier und um die Klimakrise dort. Nur wenn diese Bereiche zusammen gedacht werden, haben wir eine realistische Chance, dem wohlklingenden Versprechen von klimaneutralem Wohlstand näherzukommen, und zwar nicht nur in der Komfortzone der Hamburger Elbvororte, wo man den handgeschorenen Bioschafwollpullover für 390 Euro längst trägt und für hundert Gramm Himbeeren, ohne zu zögern, fünf Euro ausgibt.

In einem Parlament mit sechs Parteien werden neue, ungewohnte Koalitionen auch künftig notwendig sein, um eine stabile Regierung bilden zu können. In den kommenden Jahren könnte die Parteienlandschaft noch kleinteiliger werden, sollten weitere Mitspieler über die Fünf-Prozent-Hürde ins Parlament einziehen. In unserer Generation habe sich Stammwählerschaft nie wirklich etabliert, meinte Bruno Fichefeux zu mir. »Wir sind weniger Anhänger einer bestimmten Partei oder Ideologie als Anhänger des gesunden Menschenverstands. Ich bin gespannt, ob es in zwanzig Jahren überhaupt noch Parteien gibt. Vielleicht wählt man eher die beste Expertise, um ein Thema voranzubringen«, sagte er. Auch Rosa Riera glaubte, dass nicht Parteien, sondern Ideen künftig entscheidend sein würden. Das bedeutet Flexibilität und Sachorientierung, es droht aber gleichzeitig eine Zersplitterung in immer kleinere Milieus, Bewegungen, politische Zusammenschlüsse.

Bereits jetzt zeigt sich auf Bundesebene, dass die klare Lagerbildung zwischen zwei Volksparteien mit ihren traditionellen Juniorpartnern nicht mehr funktioniert. Aber auch auf EU-Ebene verschieben sich die Machtverhältnisse. »Eine Aufgabe ist, die Havarie der EU abzuwenden«, meinte Florian Meinel, »und die kann schneller passieren, als wir jetzt noch denken oder denken wollen. Wenn es im europäischen Parlament eine Mehrheit der EU-Gegner gibt, ist es geschehen.« Es gilt also erst einmal, eine Mehrheit unter EU-Befürwortern zu organisieren, so unterschiedlich sie sein mögen. Dafür müssen scheinbar gegenläufige Vorstellungen neu formuliert und Einwände mitberücksichtigt werden, die man bislang lieber der Opposition überließ. Möglich, dass auf diese Weise der Elefant im Raum eher benannt wird, der einer Problemlösung im Weg steht. Im Bemühen um Klimaneutralität könnte ein Vorschlag die Abkehr vom klassischen Wachstumsgedanken sein, für die FDP noch zu schmerzhaft, um es zu glauben. Und die friedliche Nutzung von Atomkraft ist wiederum für die Grünen ein rotes Tuch, doch selbst sie können schwer leugnen, dass der Atomausstieg vor dem ausreichenden Ausbau grüner Energietechnologien ein Rückschritt auf dem Weg zur CO_2-Reduktion war. Auch das klar auszusprechen, was nicht in den Geschenkkatalog der eigenen Partei gehört, wird in den nächsten Jahren entscheidend sein.

Zusammendenken, was vor einigen Jahren noch kaum zu überbrückende Differenzen zu sein schienen, das könnte eine Stärke meiner Generation sein. Nicht Breschnews Neostalinismus gegen Nixons Populismus war es, den wir als Kinder von den großen weltpolitischen Kämpfen miterlebten, sondern Gorbatschows Politik der Öffnung, Reagans »Tear down this wall« und die Überzeugung, dass das Über-

winden politischer Grenzen neue Möglichkeiten und produktive Energien freisetzte. Doch der Wohlstand sollte sich
bald als reiner Konsumismus erweisen, während der vor-
gebliche Frieden die Konflikte lediglich an Orte jenseits der
medialen Aufmerksamkeit verschob, und es war natürlich
naiv zu glauben, ein paar Brücken und ein wenig Konsens
würden aus dem menschlichen Gegeneinander eine heile
Welt entstehen lassen. Dennoch ist die Fähigkeit, über gesellschaftliche Zerklüftungen und traditionelle Lagergren-
zen hinweg miteinander zu reden, gerade jetzt von Bedeutung. Sie könnte nur einen kurzen Moment haben, und den
gilt es zu nutzen. Bei den Jüngeren gewinnen Ideologien
und Abgrenzungen nämlich bereits wieder an Zuspruch.

Politisches Tauwetter kann auch klamm sein, vereisten
Boden in Schlamm verwandeln und einen Bergbach zu
einem reißenden Strom anschwellen lassen. Das war die
Lektion, die die Geschmeidigen lernten, als sie erwachsen
wurden. Hatte man in den 90ern noch triumphierend vom
Ende der Geschichte und vom Siegeszug der liberalen, ka-
pitalistischen Demokratie gesprochen, bemerkte man zur
Jahrtausendwende, dass es Menschen gab, die sich diese
westliche Schneeschmelze gar nicht wünschten. Der 11. September 2001 mochte viele schockiert haben wie eine unan-
gekündigte Naturkatastrophe, dabei waren die Anschläge
auch eine politisch-ideologische Reaktion auf die sich ausweitende Hegemonie des Westens, und ihre Warnzeichen
waren schlicht ignoriert worden.

Unser Verständnis von Sicherheit und Bedrohung, von
freiheitlichen Bürgerrechten und den Grenzen des Westens
wurde durch 9/11 fundamental verändert. In gewisser Weise
aber ging in der Folge alles weiter, als wäre nie etwas Ein-
schneidendes geschehen, zumindest nicht in der Bundes-

republik. Angela Merkel und ihre Kabinette manövrierten ab 2005 das Land durch die weltpolitischen Stürme, als gäbe es keine Klippen, sondern nur Kiesel am Strand. Die Sprache war entdramatisiert. Krieg fand schon deshalb nicht statt, weder vor unserer Haustür noch am Hindukusch, weil niemand das Wort benutzte, und im Übrigen waren die Spareinlagen sicher, und die Rente war es auch. Finanzkrise, Eurokrise, das waren Phänomene, die andere wie ein Orkan trafen und bei uns nur als Böe ankamen. »Die Schönwetterpolitik«, sagte Franziska Brantner zu mir, »war in anderen europäischen Ländern schon viel früher vorbei.«

Corona traf meine Generation in der Mitte ihres Lebens. Die Pandemie war die erste große kollektive Krise, die unmittelbar und gravierend in fast alle Bereiche unseres Alltags, unseres Miteinanders und unserer Gewohnheiten hineinwirkte und in der auch wir Verantwortung ohne Welpenschutz trugen. Dominierend wurden seit dem Frühjahr 2020 Gefühle von Unsicherheit und Kontrollverlust, auf die wir schlecht vorbereitet waren, hatten wir doch eher das gemachte Nest kennengelernt als den Sturm, der es aus den Bäumen fegt.

So verständlich der Wunsch ist, schnell zurückzukehren in eine heile Wohlstandswelt unter Schutzatmosphäre, so falsch wäre es, denn sie basierte immer auch auf Ausblendung. Was meinen Generationsgenossen, vor allem jenen aus dem Westen, lange fehlte, war die Erfahrung einer gesellschaftlichen Krisenhaftigkeit, die sie nicht nur als Zuschauer erlebten, und sie zeigten wohl auch deshalb nicht jene charakterliche Reife, die nötig gewesen wäre, um, wie Christian Lindner sagte, »auch unpopuläre Entscheidungen zu treffen«. Wir haben uns in vermeintlicher Sicherheit gewiegt und somit manches verschlafen, beispielsweise den

Übergang von einer privatistischen in eine fragmentierte Öffentlichkeit.

Das dürfte nun vorbei sein. In den letzten zwei Jahren haben wir gelernt, dass die Schutzatmosphäre nicht ewig hält, und daran sollten wir uns auch dann erinnern, wenn sich doch wieder eine vermeintliche Normalität einstellt. Zu hoffen ist, dass wir in diesen Jahren jene Reife gewonnen haben, an der uns bislang noch mangelte. Sie ist nötig, denn den nächsten Übergang, den vom Wohlfahrtsstaat zum Innovationsstaat, dürfen wir nicht verschlafen. Wir müssen ihn gestalten.

Die Grenzen der Geschmeidigkeit

Kehren wir noch einmal ins Jahr 1982 zurück. An jenem entscheidenden 1. Oktober, als in Bonn über das Misstrauensvotum gegen Helmut Schmidt entschieden wurde, trat auch Hildegard Hamm-Brücher ans Mikrofon, um ihre tiefen Zweifel am Votum gegen die sozialliberale Koalition zu begründen. »Ich glaube«, sagte sie, »wir dürfen nicht die Augen davor verschließen, wie wenig gefestigt unsere Demokratie immer noch ist und wie wenig überzeugend es für unsere Bürger ist, wenn in unserem Parlament immer nur vorgestanzte Partei- und Fraktionsmeinungen vom Blatt gelesen werden.«[5]

Damals war die Bundesrepublik nur wenig älter als dreißig Jahre, aber Hamm-Brüchers Satz bleibt auch nach dem siebzigsten Jahrestag des Grundgesetzes wahr, oder vielmehr: Er wird es wieder. »Wir müssen uns klar sein, dass Frieden und Stabilität nicht gottgegeben sind«, hatte Lars Klingbeil im Gespräch erklärt. Dasselbe gilt für die Demokratie. »Wenn wir aufhören, für unsere Demokratie zu kämpfen«, so sagte es Dorothee Bär zu mir, »dann hört die Demokratie auf, zu sein.« Demokratie ist nichts Statisches und muss mit der Gesellschaft wachsen, um für sie passend zu bleiben. Instabil ist sie durch äußere Angriffe, die sich etwa in manipulativen Fake-News-Kampagnen zeigen, aber auch durch inneres Misstrauen und – höflich gesagt – Missverständnisse, die ein einmal gelerntes politisches Unbehagen auf Macht im Allgemeinen übertragen.

Einige Wochen nach der Bundestagswahl unterhielt ich mich in einer Thüringer Kleinstadt mit einem Mann, der von sich selbst sagte, ein Impfgegner sei er nun wirklich nicht, vielmehr sei er gegen alles Mögliche immunisiert, von Masern bis Kinderlähmung, aber dieser mRNA-Stoff sei doch viel zu schnell freigegeben worden. So weit, so diskutierbar. Mit seinen 75 Jahren habe er ja noch was vor im Leben, er werde dieses Zeug nicht nehmen, aber die Regierung setze Druck ein, wo sie nur könne. Er erzählte von einer Freundin, der die Haare nach der Impfung ausgefallen seien, und von einer anderen Bekannten, die fast gestorben wäre. Natürlich hatte er auch einen Virologen im Bekanntenkreis, der ihm erklärt hatte, weshalb Coronaviren weniger gefährlich seien als der mRNA-Impfstoff, und eine Freundin arbeitete auf der Intensivstation. Neunzig Prozent der Menschen dort, erklärte er, seien geimpft, aber das dürfe sie nicht öffentlich sagen. Während er sprach, hatte man das Gefühl, er fürchtete schon die Stasi vor der Tür. Eine seltsame Verquickung von Macht- und Ohnmachtsgefühlen, dazu ein geschlossenes Weltbild, das ihm eine generöse Sicherheit bescherte. Weder unfreundlich noch aggressiv trat er auf, eher zeigte er Mitleid mit uns, die wir uns hatten impfen lassen müssen, dabei war er offensichtlich überzeugt, dass wir seine Meinung über den Impfstoff im Grunde teilten. In der DDR, erfuhr ich später, habe er eine etwas nebulöse, aber doch privilegierte Rolle gespielt.

Wenn die Frage gestellt wird, wie man solche Leute »noch abholt«, sie »mit Argumenten überzeugt«, sollte man eines nicht übersehen: Neben dem schönen feuilletonistischen Glauben an die Macht des Arguments gibt es noch eine andere Macht, und das ist die Macht des persönlichen Vorteils. Für meinen Thüringer Bekannten hatte es absolut keinen Vorteil, von seinem Weltbild abzurücken, mochte man auch Studien von noch so renommierten Universitäten zitieren. So lange zumindest, bis er selbst auf einer Intensivstation läge; aber sogar dann könnte es sein, dass die Angst vor zerbröselnden Sicherheiten schwerer wiegen würde als die vor der eigenen Versehrtheit. Die tiefe Furcht vor weltanschaulicher Obdachlosigkeit ist nicht zu unterschätzen, und nicht viele Menschen ertragen es, auf schwankenden Brettern zu stehen. Die Auflösung von Ideologien mag manchen als Befreiung und Fortschritt erscheinen, für andere bedeutet sie schlicht Haltlosigkeit.

In einer solchen Zeit gesellschaftlicher Zerklüftung und Labilität braucht es einen neuen politischen Stil. Der aber kann nicht bloß aus höflichen Phrasen, einem Lächeln hier, einem Winken da bestehen, sondern verlangt ein von Grund auf neues Sprechen über Entscheidungsprozesse. Dabei sind, glaube ich, nicht nur Vokabeln der Stabilität und Stärke vonnöten, sondern es braucht umgekehrt mindestens so dringend den offen artikulierten Zweifel, das Zögern, die Entschuldigung, die eingestandene Fragilität, die nicht sofort mit Satzbausteinen verstellt werden. Es braucht Komplexität und Schlichtheit anstelle von vorgefertigten Modulen, die den Eindruck vermitteln, so vorgefertigt wie die Sprache seien auch das Denken und Entscheiden in der Politik.

Die Frage nach Stil mag sich sekundär anhören, sie ist aber mehr als eine Petitesse. Stil bestimmt, wie ein Stoff geformt wird, ja mehr noch: was er letzten Endes ist. Der Silicon-Valley-Stil etwa, der milliardenschwere Vorstandsvorsitzende in Sneakers und schlabbrigem T-Shirt zu Sitzungen schlurfen lässt, hat Status und Distinktion radikal neu definiert. In der westlichen Welt, in der einstige Statussymbole inzwischen auf Raten für die Massen zu bekommen sind – der Urlaub auf Mallorca, der Flachbildfernseher, der tiefer- oder höhergelegte Wagen –, versuchen manche, sich auf neue Art abzugrenzen: Das kann die Freizeitkleidung in der Vorstandsetage, der Flug ins Weltall oder Enthaltsamkeit in einer Ayurveda-Kur sein, alles, was für das Gros der konsumistischen Gesellschaft schwer bis gar nicht zu erreichen ist. Schließlich begehrt man nicht nur, weil etwas das ist, was es ist, sondern auch, weil es der feine, exklusive Unterschied zu dem ist, was auch andere haben können.

Im konkret Politischen berührt Stil die Frage nach Partizipation, nach der Art und Weise, wie Bürgerinnen und Bürger von der Politik einbezogen werden und wie wir Politik leben und denken wollen. Doch genau dies, ein neuer Stil, könnte eine Schwachstelle der Geschmeidigen sein, wenn er von ihnen als reine Oberfläche missverstanden wird. Ästhetische Schwarz-Weiß-Fotos und schicke Business-High-Heels reichen jedenfalls nicht, und das zurückhaltend Moderierende hat seine Grenzen. Um einen wirklich anderen Stil zu finden, muss man erst einmal einen Schritt aus dem Altbekannten heraustreten.

So fällt etwa in der SPD eher Lars Klingbeils jüngerer Parteifreund Kevin Kühnert mit deutlichen Worten auf. Als ich Klingbeil beim letzten Fernsehtriell im Backstagebereich traf, war zu spüren, wie die Anspannung von ihm abfiel. Seine Rolle hatte er zuvor gut gespielt, keine Frage. Ich hatte es ihm bei unseren Begegnungen stets abgenommen, dass er selbst in den absurdesten Momenten noch einen Erfolg der SPD herbeizureden bereit war. Mut der Verzweiflung, so hätte ich das im Sommer vor der Wahl genannt. Im Nachhinein muss ich ihm dafür Respekt zollen: ohne Überheblichkeit darauf zu beharren, noch im Spiel zu sein. Er hatte als Generalsekretär eine Partei zusammengehalten, die in den letzten Jahren eher durch Flügelstreit und Desavouierung des eigenen Führungspersonals aufgefallen war, und er suchte auch das Bürgergespräch und den gesellschaftlichen Dialog. Und doch blieb er dabei immer ein wenig blass und konnte das Flair eines Parteifunktionärs nie so ganz ablegen.

Bei den Grünen wiederum ist es der im Vergleich zu Annalena Baerbock etwas ältere Robert Habeck, der einen neuen politischen Ton anschlägt. Sein Sprechen ist offen, mitunter auch im Ergebnis. Gerade das dürfte ein Grund sein, weshalb seine Kollegin Baerbock innerhalb ihrer Partei größere Unterstützung erfährt: Sie ist vom Parteiapparat leichter zu kontrollieren, kehrt sie doch strebsam zurück in ein abgezirkeltes Reden, in dem freie Gedankenbewegung von Satzbausteinen verstellt ist. Jens Spahn wagte sich mit seinem Satz »Wir werden einander viel verzeihen müssen« aus der Deckung einer ungebrochenen Souveränität, aber nur für einen Moment. Christian Lindner brilliert mit geschliffener Rhetorik, bleibt aber gerade durch die Perfektion glatt. Lediglich Katja Kipping wagte sich in unseren Gesprächen aus dem abgezirkelten Bereich heraus, in ihrer Partei aber ist sie von der deutlich geschmeidigeren Janine Wissler abgelöst worden.

Kipping nennt ihren Vorschlag zu einem Green New Deal »radikal und pragmatisch«. Das passt zum 2018 ausgerufenen Motto »radikal und staatstragend« des grünen Spitzenduos Habeck und Baerbock. Beide Wendungen behaupten, sich den widerspenstigen Mut nicht nehmen zu lassen, und doch hegen sie ihn ein durch eingetretene Pfade.

Auf die Klientel der Grünen gemünzt, könnte man sagen, dass Fundis und Realos in dieser Wendung zusammengehen. Nüchterner betrachtet, haben die Realos gewonnen, die Fundis werden aber noch mit Worten bei der Stange gehalten. Das »Radikale« wird gerade deshalb noch einmal betont, weil an Auftreten und Positionen des Führungspersonals in Wahrheit nichts mehr radikal ist.

Die ausgestellte Authentizität meiner Generation verhindert eine wirkliche Tiefe, die angepasste Form unterwandert Format, so wie oberflächliche Moral tatsächliche Haltung unterwandert. Wir ähneln darin dem Sisyphos des neuen Jahrtausends, der so auf sich und seine Wirkung bedacht ist, dass er die Realitäten um sich herum nicht mehr wahrnimmt, schon gar nicht ihre fundamentale Absurdität erkennt. Er könnte es auch gar nicht, will er nicht ins Stolpern geraten. Es ist eine Wirklichkeit ohne Geländer, durch die er geht, aber er kennt nur das Sicherheitsnetz über dem Abgrund. Stil hingegen bedeutet mehr als das, nämlich gerade den Mut, etwas zu riskieren, unmittelbar zu sein. Würde jemand meiner Generation jemals aus dem Protokoll fallen, wie es Willy Brandt in Warschau tat?

Als ich vor zehn Jahren mit Lindner durchs Bergische Land fuhr, sprach er auch von der Sorge eines dauerhaften Wechsels nach Berlin. Wenn man ganz im Politikbetrieb aufgehe, seien über kurz oder lang alle Kanten abgelutscht wie bei einem Drops. Er beschrieb damit letztlich, was die Geschmeidigen nach oben bringen würde, was insbesondere der Politikbetrieb, aber auch die Führungsetagen in Wirtschaft, Wissenschaft und Kultur von unserer Generation erwarteten, wozu sie sie machten. Er fürchtete (oder gab dies zumindest vor), auf was er unweigerlich zusteuerte.

Die Disposition für Kantenlosigkeit und Angepasstheit

in Stilfragen hat wohl auch damit zu tun, dass die führenden Politikerinnen und Politiker meiner Generation auf wenig bis gar keine Berufserfahrung außerhalb des Parlaments zurückblicken. Sie sind Berufspolitiker durch und durch, studierten Jura oder Politikwissenschaften, arbeiteten in Abgeordnetenbüros oder waren bereits mit Anfang zwanzig in einen Landtag gewählt. Für sie ist das Parlament in einem umfassenden Sinne Alltag, andere Lebenswelten kennen sie lediglich von einem der zahlreichen Besuche, mit denen Mandatsträger sich in die unterschiedlichen Arbeitsmilieus hineinverständigen. Dadurch ist ihre Professionalität enorm, gleichzeitig aber begrenzt, ein Perspektivwechsel ist für sie immer nur ein Besuch auf Stunden, niemals eine vollständig neue Ausrichtung der eigenen Lebenswirklichkeit. Ihre Professionalität kann Politik entzaubern und jenseits ideologischer Selbstverwirklichungsträume stellen, dadurch nüchterner und zielorientierter machen. Sie könnte aber auch in ihrer Glattheit und Geschlossenheit unsensibel machen für Ansichten und Einsichten, die das realpolitische Fernglas nicht einfängt.

Nach den Sternen greifen

Sowenig Stil nur eine Frage der Deko ist, sowenig ist Zweifel allein eine philosophische Kategorie. Meine Generation ist in eine Zeit hineingeboren, in der traditionelle Werte ihre Bindungskraft verloren und eindeutige Wahrheiten sich aufgelöst hatten. Die weltanschauliche Skepsis hatte zugleich bereits eine gewisse Übersättigung erreicht und eine Form von Gleichgültigkeit hervorgerufen. Somit fehlten die Prämissen, um Fragen noch mit Ernsthaftigkeit zu stellen, die Sprache war zunehmend entdramatisiert, abgeschliffen oder aber ironisch.

Die kurze Hochphase des In-Zweifel-Ziehens wird heute vom neuerlichen Wunsch nach eindeutiger Wahrheit wieder abgelöst. In den sozialen Medien erleben wir besonders deutlich einen ebensolchen Rückzug auf die je eigene, als unzweifelhaft empfundene Wahrheit. Dadurch ist es kaum noch möglich, über die eigenen Wahrheitsgrenzen hinaus zu diskutieren. Wer erkannt zu haben meint, was gut und was böse ist, braucht andere nicht mehr als Korrektiv, und da es um alles geht, mindestens um den Fortbestand der Menschheit, wird jeder Widerspruch abgewiesen und ist obendrein zwecklos. Dabei ist es gerade die Spannung der Ambivalenzen, das Aushalten von Paradoxien, was unser Denken stark und beweglich macht.

»Denn die Zeit ist nahe«, heißt es zu Beginn der biblischen Apokalypse, und die Zeit scheint auch heute nahe zu sein, jedenfalls gibt es jede Menge Propheten, die das predigen. Die Klimakrise, Corona, übermächtige Künstliche Intelligenz, vieles scheinen wir nur noch in apokalyptischen Dimensionen zu erfassen. Immerhin, es hat Menschen mobilisiert, hat Entscheidungsträger auf Gefahren hingewiesen, die jahre- und jahrzehntelang ausgeblendet wurden. Aber jeder Vorstellung von Apokalypse haftet nicht nur die Angst vor der kompletten Auslöschung des Bestehenden an, sondern auch ein latenter Wunsch danach. Die biblische Apokalypse, das Weltgericht, die Zeitenwende ist schließlich die teleologisch letzte, notwendige Stufe, die uns von der heilen, reinen Welt trennt. Wo immer diese transzendente Erzählung mit all ihren Implikationen in die profane politische Gegenwart geholt wird, lässt sich ein konkreter, ja radikaler Machtwunsch dahinter erkennen, einer, der die kränkelnde Gegenwart gegen eine aseptische Zukunft austauschen will. Souverän ist, wer über die Apokalypse entscheidet, könnte eine an Carl Schmitt angelehnte Handlungsmaxime lauten.

Wer die Apokalypse predigt, hat die Postapokalypse in der Hand, eine *tabula rasa,* in der alles anders sein wird. Die Neuerschaffung ist unbegrenzt und damit auch die Herrschaft derer, die die Welt nach ihrem Untergang gestalten. In der Erzählung vom katastrophalen Ende der Geschichte liegt somit ein hochgradig gewaltsamer Unterton: Es geht um die Ab- oder vielmehr Auflösung der alten Herrschaft durch eine neue, die mit der alten nicht einmal mehr vergleichbar ist, da man nicht nur die Führung, sondern das ganze System ausgetauscht hat. Auch deshalb ist das Interregnum, von dem Gramsci schreibt, die Zwischenjahre, in denen das Alte nicht sterben und das Neue nicht zur Welt kommen kann, gerade bei denjenigen beliebt, die eher von

Revolution als von Reform träumen, weil sie das zur Welt Kommende in ihrer unbedingten Gestaltungsmacht glauben und das Alte als gänzlich falsch, überlebt und lästig über den Jordan schicken wollen. Robespierre hat bekanntlich auch nicht gewartet, bis das Alte von allein starb.

»Es ist ja durchaus richtig«, erklärte Max Weber zu Beginn der Weimarer Republik, »daß man das Mögliche nicht erreichte, wenn nicht immer wieder in der Welt nach dem Unmöglichen gegriffen worden wäre.«[6] Die Geschmeidigen scheinen sich dagegen im Möglichen eingerichtet zu haben. Wir würden nicht mehr nach den Sternen greifen, klagte Rosa Riera, und Hannes Bajohr sprach davon, dass Visionen und Zukunftsideen fehlten. »Es gab einen intellektuellen Bankrott, der höchstens noch Reformismus anzubieten hatte«, sagte er über die Zeit, in der wir aufgewachsen sind. Die Geschmeidigen greifen aber möglicherweise auch deshalb nicht mehr nach den Sternen, weil sie nicht wissen, wo diese hängen, welche es sein sollen, von welcher Perspektive aus sie in welchen Himmel greifen dürfen, kurz: weil ihnen der Zweifel an alten und neuen Hoheitsansprüchen sehr wohl noch vertraut ist und Gewissheiten sich zu oft als janusköpfig herausgestellt haben. Alles scheint einen doppelten Boden zu haben, und wie jene von Swetlana Alexijewitsch interviewte Werbemanagerin haben viele von uns verlernt, vom Fliegen zu träumen, während wir von Gate zu Gate eilen und vorm Fliegen gewarnt werden.

War die Demokratie ein solcher Traum, der heute bleiern ist und wie ein Flugzeugwrack bald am Boden bleibt? Das Ende der Geschichte als Triumphzug von Demokratie und Wohlstand, an das Fukuyama in den 90er-Jahren noch glaubte, ist so jedenfalls nicht eingetreten. Seither wurde vielmehr deutlich, wie störanfällig die Demokratie ist und wie wenig, zumindest in ihrer schlichten Funktionalität, den autoritären Regimen überlegen. Wenn das Ende der Geschichte aber heute durch das Weltende ersetzt und nur noch als Katastrophe, als Horrorszenario erzählt wird, muss es uns um den Fortgang der Geschichte gehen. »Im Prozess der Zivilisiertheit gibt es zwar Rückschläge«, sagt Christian Lindner dazu zuversichtlich, »aber das ist keine komplette Negation des Prozesses. Wir sind angelegt darauf, in schwierigen Situationen zurechtzukommen.«

Was hindert uns daran, die Hand wieder nach den Sternen auszustrecken? Aus der wehrhaften Demokratie wieder ein Versprechen zu machen, das nicht nur im Verteidigungsmodus agiert? Chancen für morgen oder, wie Florian Meinel es nannte, »realistische Hoffnungen« gibt es ja, und wir müssen auch nicht alles neu erfinden. Ist nicht etwas dran, wenn Benjamin Zeeb meint: »Ich denke, das Narrativ von Europa ist gar nicht so verkehrt?« Und hatte Hannes Bajohr nicht recht, als er darauf drang, die Ideale, denen sich unsere Gesellschaft verpflichtet fühlt, wieder stark zu machen, etwa »dem Grundgesetz seine normative Kraft zurückzugeben«?

Was uns heute fehlt, sind positive Zukunftsideen, ein Ziel, auf das zuzugehen sich lohnt und sogar Freude machen kann. Vermutlich müssen wir das ein Stück weit erst wieder lernen. Das heißt nicht, dass wir die Klimakrise erneut verdrängen dürfen, und auch unseren Pragmatismus sollten wir nicht über Bord werfen. Unideologisches Engagement ist es, was meine Generation stark macht, und würde sie endlich ihren Mut zur Fantasie wiederentdecken, ihr Vertrauen in die eigene Vorstellungskraft, dann könnte es vielleicht doch gelingen, vom Fliegen zu träumen, ohne mit diesen Träumen den Himmel für immer zu verpesten.

Dafür müssen wir das alte Zukunftsversprechen vom »Wohlstand für alle« und »Meine Kinder sollen es – materiell – einmal besser haben als ich« umformulieren, Güter neu benennen und Wertvorstellungen über eine konsumistische Befriedigung hinaus öffnen. Doch warum sollte das nicht gelingen? Nicht der Konsum, sondern das Handeln macht schließlich den Menschen zu dem, was er ist. Damit das glaubwürdig wird, braucht die Gesellschaft aber keinen wohlmeinenden Paternalismus, sondern ernst gemeinte, belastbare Freiräume und Einbindungen, um tatsächlich handeln zu können und nicht nur vor sich hin zu muckeln. Anders gesagt, bürgerliches Handeln droht der politischen und gesellschaftlichen Dimension beraubt zu werden, wenn es zwischen Hürden und Restriktionen auf der einen Seite und Ausschluss von Machtentscheidungen auf der anderen Seite hin- und hermäandert und im Grunde so eingehegt wird, dass es unschädlich ist im Guten wie im Schlechten.

Nichtwählen sei eine Niederlage für die Politik, sagte Dorothee Bär und wünschte sich neue Formate der Bürgerbeteiligung, jünger und »nicht als Alibiveranstaltung«. Bürgerräte und Open Government öffnen derzeit Machtkorridore und lassen Entscheidungsabläufe fluider werden. Das Versprechen von Teilhabe geht aber nur auf, wenn die Chancen darauf in aller Konsequenz erhöht werden und auch dort ansetzen, wo das Recht gewährt wird, an Wahlen, dem Grundstein demokratischer Partizipation, überhaupt teilzunehmen. Wenn etwa Menschen aus migrantischen Milieus, die ernsthafte Anliegen haben, zu lange vom Wahlrecht ausgeschlossen bleiben oder Menschen aus bildungsfernen Schichten nicht mehr angemessen angesprochen werden, muss man sich über deren Apolitisierung und Passivität nicht wundern.

Währenddessen dreht das gehobene Milieu Partizipationspirouetten und fragt sich besorgt, was »die« Migranten denn nun wollen. Dabei würde es woken Gruppen durchaus guttun, wenn sie durch breitere Beteiligung Bodenhaftung gewönnen und in einen Diskurs zurückfänden, der nicht im Wunsch nach Inklusion neue Exklusionen schafft. Mehr aber noch böte diese Öffnung Potenzial für konservative Parteien, da ihr auf Traditionen und Beständigkeit ausgelegtes Profil gerade für jene migrantische Milieus ansprechend sein dürfte, die religiös geprägt sind. Wenn wir immer nur fragen, wie man die selbst ernannten Abgehängten ins Gespräch zurückholt, verschenken wir zu viel Energie auf Menschen, die sich dem Gespräch ohnehin verweigern, und übersehen, wer sonst noch alles außen vor gelassen wird.

»Wie viel Staat wollen wir eigentlich? Das ist eine hoch weltanschauliche Frage«, meinte Omid Nouripour im Gespräch. Gerade die Coronapandemie hat uns vor Augen geführt, wie wichtig ein öffentliches Gespräch über bürgerliche Freiheitsrechte ist. Statt dieses wirklich zu führen, wurde jedoch eine neue Freude am Regelbruch auf der einen, am Denunziantentum auf der anderen Seite entdeckt. Die Fragen bleiben: Wo ist der Staat als Korrektiv notwendig, um das Auseinanderdriften von Lebenschancen abzumildern und die Gesellschaft nicht in ein *survival of the fittest* abgleiten zu lassen? Und wo wiederum fördert die freundliche Lenkung Entmündigung und Passivität? Wie könnte eine Rückbesinnung auf den Grundsatz »Wer den Nutzen hat, muss für den Schaden aufkommen« gegen die Vergesellschaftung von negativen Effekten, wie etwa Umweltzerstörung, helfen? Wie sehr wollen wir konditioniert sein, und wie viel Information über uns wollen wir teilen?

Das staatliche chinesische Punktesystem, das allen Bürgern ihrem regelkonformen Verhalten entsprechend Güter und bestimmte Freiheiten zugesteht oder verweigert, würden wohl die meisten hierzulande ablehnen. Doch ist nicht das überwiegend akzeptierte, sogar freiwillig gewünschte Punktesystem von Apple, Facebook und anderen digitalen Dienstleistern im Grunde dem chinesischen Modell ähnlich? Es ist ein Paternalismus mit glatten Benutzeroberflächen, der uns längst davon überzeugt hat, dass wir selbst die Überwachung wünschen, weil sie uns hilft, ein besseres Selbst zu werden. Es könnte eine Chance der Generation mit »analogem Migrationsgrund« sein, zwischen der schönen neuen Welt und der alten zu vermitteln und mit Verständnis für beide deren jeweilige Gefahren, aber auch Chancen zu benennen.

»Sich nicht den Dogmen hinzugeben, das ist heute wieder eine Aufgabe«, sagte Hana Gründler, und darauf scheint mir meine Generation durch die weltpolitischen Umwälzungen, in denen wir aufgewachsen sind und in denen alte Dogmen zerbrachen, besser vorbereitet zu sein als die vor und die nach uns. »Es ist deutlich schwieriger, Haltung zu haben, als zu moralisieren«, fügte Gründler hinzu. Der einfachere Weg des Moralisierens wird aber derzeit immer häufiger eingeschlagen, und das mit selbstbewussten Schritten. Vermutlich steht er auch gerade deshalb so sehr für unsere Gegenwart, weil er die Empörung über den Pragmatismus der letzten Jahre und Jahrzehnte ausdrückt.

Haltung ist dagegen mehr als Empörung, es ist ein tatsächlich ethisches Handeln, das auch stiller vor sich gehen kann als moralisierende Stürme. Entscheidend wird deshalb sein, ob es den Geschmeidigen gelingt, Haltung zu gewinnen und damit eine charakterliche Tiefe. Oder sind sie am Ende doch zu sehr darauf bedacht, nirgends anzuecken, um immer weiter nach oben zu kommen? »Nur wer sicher ist«, heißt es bei Max Weber, »daß er daran nicht zerbricht, wenn die Welt, von seinem Standpunkt aus gesehen, zu dumm oder zu gemein ist für das, was er ihr bieten will, daß er all dem gegenüber: ›dennoch!‹ zu sagen vermag, nur der hat den ›Beruf‹ zur Politik.«[7]

Natürlich gewinnt jede Generation mit den Jahren an Reife. Dass meine Generation in eine Welt oder vielmehr in die Vorstellung einer Welt hineinwuchs, in der das Unbequeme oft ausgeblendet wurde, könnte bei ihnen die Fähigkeit zum harten Contra, zur aufrichtigen Haltung auch gegen Widerstände tatsächlich schwächen. Andererseits haben sie das Glück gehabt, vom Zusammenwachsen alter Gegensätze lernen zu können und den kurzen Moment zu erleben, in dem einst eindeutige Wahrheiten fluide wurden und Ideologien ihre Vehemenz verloren. Jetzt wird es darauf ankommen, ob es ihnen gelingt, den einen Schritt weiterzugehen und das Geschmeidige dort hinter sich zu lassen, wo es nur noch Ausflucht vor Konflikt ist. Und ob sie, mit Blick auf die Welt mit ihren Widersprüchen, ihren Krisen und ihrer Verletzlichkeit, den Mut haben werden, »Dennoch!« zu sagen.

Letzte Illusionen. Ein Nachwort im April 2023

Es ist ein Klirren zu hören, jedes Mal, wenn eine weitere Illusion zerbricht. So jedenfalls ist es in der US-Sitcom *How I met your Mother.* Die Serie lebt von der unbekümmerten Leichtigkeit der 2000er-Jahre, die Hauptfiguren der Generation Geschmeidig kämpfen darin mit romantischen Projektionen und privaten Selbsttäuschungen im befriedeten Wohlstandswesten.

Zehn Jahre später kämpft in der ukrainischen Sitcom *Diener des Volkes* ihr Generationsgenosse Wolodymyr Selenskyj gegen die Fremdtäuschungen eines von Korruption und Oligarchie blockierten postsowjetischen Aufstiegsostens und wird entgegen aller Erwartung zum Präsidenten gewählt – in der Serie wie kurz darauf in der Realität.

Ein Klirren ist in *Diener des Volkes* nicht zu hören, wohl aber, auf ungleich grausamere Weise, in der Wirklichkeit, und zwar eher eine Detonation vor einer gewaltigen Fensterfront als das Zerspringen eines Weinglases. Am Morgen des 24. Februar 2022 krachte es so laut, dass manche meinten, die Welt sei zu Bruch gegangen, mindestens die westliche. Es war nicht die Welt, aber doch die in ihr ruhende Sicherheit, die Illusion von anhaltendem Frieden, wenigstens im Westen, die an diesem Tag zerbrach.

Klingt so der Beginn einer neuen Ära? Einer Ära, in der wir wieder verstehen müssen, dass Gefahren zurückkommen können, die wir längst für bewältigt hielten? In der hinter dem heilenden Ozonloch die Klimakrise lauert und nach den Wolken von Tschernobyl und Fukushima nun womöglich jene von Saporischschja aufziehen? Eine Zeit, in der Menschen aus den geschichtlichen Fehlern und Verbrechen zwar gelernt haben, aber niemals lernen alle, und niemals lernen sie genug, als dass die Fehler nicht wiederholt oder abgewandelt würden, auch nicht die Verbrechen.

Klingt in jenem Mantra, alles werde noch einmal gutgehen, bei genauem Hinhören nicht bereits eine fürsorgliche Lüge mit an, die uns unsere Eltern zur Beruhigung eingeflüstert haben? Wussten nicht sie schon, dass das Gebot der Nachkriegszeit, das Nie wieder, das der Zweite Weltkrieg und die nationalsozialistischen Verbrechen ihnen und uns hinterließen, zwar Verpflichtung wie Versprechen ist, aber gebrochen werden kann wie jedes Gebot? Es geht eben nicht einfach gut, auch wenn es kurzzeitig danach aussieht – man könnte glauben, das sei die eigentliche Wahrheit, die hinter dem Mantra liegt.

Wir, die Generation, für die der Kalte Krieg in einer frühen Kindheit, im Geschichtsunterricht und bei James Bond stattgefunden hatte, blickten auf einen europäischen Angriffskrieg, der das Völkerrecht zu Makulatur machte und die UN erneut als machtlosen Verwaltungsapparat, als fast zahnlosen Tiger entlarvte. Die Illusion, die am 24. Februar 2022 zerbrach, war die eines Europa, das auf einer Architektur friedenssichernder Institutionen, einer ausgleichenden Staatengemeinschaft ruht. Es war die womöglich letzte und größte Illusion unseres Lebens, die an diesem Morgen in Scherben lag.

Die neue Bundesregierung aus SPD, Grünen und FDP war seit elf Wochen im Amt. Außenministerin Annalena Baerbock erklärte, in einer neuen Welt aufgewacht zu sein. Die Welt allerdings war keine neue, sie zeigte nur einige Facetten deutlicher, die viele nicht hatten wahrhaben wollen, vielleicht, weil wir zu sehr auf das Versprechen gehört hatten: Alles wird noch einmal gut, alles regelt sich. Die Warnungen des US-Geheimdienstes, die einen Einmarsch Russlands in die Ukraine schon seit Wochen verkündeten, hatte man zwar vernommen, aber einfach nicht glauben wollen. Zu wenig rational schien, was Präsident Wladimir Putin mit einem so offensichtlichen Bruch des Völkerrechts bezwecken würde, und zu wenig mit der Logik der letzten Jahrzehnte verbunden. Die deutsche Außenministerin äußerte ihr Erstaunen, von ihrem russischen Amtskollegen Sergej Lawrow angelogen worden zu sein. Das hatte etwas Naives, und sie war damit nicht allein. Es war das Erstaunen einer Generation und über diese Generation hinaus einer Gesellschaft – einer Gesellschaft, die nicht mehr verstand, imperiale Drohungen wortwörtlich zu nehmen, die Frieden und Demokratie manchmal als zu selbstverständlich angesehen hatte.

Ich erinnere mich, dass viele meiner Freunde in den ersten Tagen nach Beginn des Angriffskriegs nicht schlafen konnten. Sie lagen bis in den Morgen hinein wach, sahen sich auf ihren Smartphones die bizarren Bilder aus dem Kreml an, dem albtraumhaften weißen Saal, in dem ein Autokrat seine Minister vortanzen ließ wie Marionetten. Tagsüber telefonierten sie mit Menschen, die eine oder zwei Generationen älter waren als sie. Er habe doch nie gelernt, wie man mit Krieg umgeht, sagte mir ein Freund.

Irgendwoher musste sie doch nun kommen, die Erklärung, wie man sich jetzt verhalten, wie man handeln und wie man schlafen sollte in dieser Zeit. Mit Bildern im Kopf von Kindern in Bunkern, mitten in Europa, von hochschwangeren Frauen, die auf Tragen aus einer zerstörten Klinik geschleppt werden, von zerbombten Straßenzügen und von Atomsprengköpfen, wie unwahrscheinlich deren Abschuss aus Sicht von Sicherheitsexperten auch sein mochte. Das Bulletin of the Atomatic Scientists hatte am 24. Februar ihre Weltuntergangsuhr vorgestellt, so weit wie noch nie: 90 Sekunden vor zwölf. Die Atomdrohung war wieder da, die Kriegsverbrechen waren es auch.

Die Fehler in der Statik der friedenssichernden Institutionen war immer schon offensichtlich gewesen. Das ererbte Machtungleichgewicht durch die Vetomächte im UN-Sicherheitsrat zeigte auch jetzt wieder, dass für die Ersten unter Gleichen dort die allgemein verbindlichen Regeln vielleicht gelten mögen, aber nicht wirklich gegen sie durchgesetzt werden können. Die UN schien seit dem 24. Februar so schwach wie der Internationale Strafgerichtshof (ICC) in Den Haag, der zwar das Verbrechen der Aggression, also eines Angriffskriegs international ahndet, aber dies nur bei Staaten, deren Regierungen das Römische Statut ratifiziert haben[1]. Weder die USA, noch China oder Russland haben dies getan[2]. Die internationale Friedenssicherung der UN wirkte so blockiert wie die internationale Rechtsprechung durch den ICC.

Natürlich ist meine Generation nicht die erste, die eine Reform der alten Institutionen[3], eine Neujustierung der Machtbalance, eine Abkehr von alten Glaubensgrundsätzen fordert. Und doch waren es gerade die Jüngeren, die jetzt in einer Mischung aus Mut und Trotz, aus Idealismus und Naivität, vielleicht auch aus Profilierungswillen und dem

Wunsch, sich zu beweisen, höchste Aktivität an den Tag legten. Finanzminister Christian Lindner beendete mit der Bereitstellung von 100 Milliarden Euro für die Bundeswehr die Ära der Friedensdividende endgültig. Baerbock reiste nach New York und warb vor der UN-Generalversammlung für eine Verurteilung der russischen Aggression. Der Fundi-Grüne Toni Hofreiter betete mit hippieesker Frisur und geradezu nerdigem Detailwissen Waffensysteme herunter und präsentierte eine Friedenspartei mit dem ethischen Grundsatz: Frieden schaffen mit Waffen.

Schon Monate vor Beginn des Angriffskriegs hatte sein Parteikollege Robert Habeck Waffenlieferungen an die Ukraine gefordert. Damals war er noch zurückgepfiffen worden, weil es für seine Partei nicht opportun war, aber nun, da Putin jeden Tag brutalste Fakten schaffte, ließen sich die Waffenlieferung auch ethisch begründen und die Lehre Joschka Fischers aus dem Bosnienkrieg weiterdenken: Moralisch besser, so die Argumentation des damaligen Außenministers, ist nicht unbedingt, wer die Waffen ruhen lässt. Wenn Menschenrechte verletzt, wenn Kriegsverbrechen begangen werden, ist man auch als Zuschauer in der Verantwortung.

In der Debatte über deutsche Waffenlieferungen an die Ukraine zeigte sich der Unterschied der Generationen deutlich. Auch wenn insgesamt der Mentalitätswechsel erstaunlich schnell verlief – von einer Waffen und Militär ablehnend gegenüberstehenden deutschen Öffentlichkeit hin zu einer, die Waffenlieferungen mittrug, wenn nicht sogar forderte –, waren doch die Jüngeren noch geschlossener. Dies mag auch daran liegen, dass sie nicht allein den Zweiten Weltkrieg als Bezugspunkt kriegerischen Grauens sahen.

Die Kriege auf dem Balkan, die die eben doch nicht so

friedlichen Neunziger Jahre überschatteten, waren für meine Generation wohl die prägende Kriegserfahrung zu Lebzeiten. Menschen flohen damals vor dem Krieg auch nach Deutschland, einige von ihnen blieben. Meine Generation besteht nicht nur aus Enkeln von Wehrmachtssoldaten. Sie besteht auch aus Menschen, deren Eltern oder die selbst vor einem Krieg geflohen sind; die nicht die Aggressoren, sondern die Angegriffenen waren und die noch lebendige Erinnerungen daran mit sich tragen, ob diese aus Kosovo stammen, aus Syrien, Afghanistan oder einem der anderen Kriegsschauplätze weltweit. Es waren und sind Kriege, die nicht direkt die europäische Friedensarchitektur in Frage stellten, wohl aber die menschlichen Würde und das Recht auf Leben. Oft waren es bereits Kämpfe um eine neue oder, so könnte man auch sagen, um die Rückkehr zu einer alten hegemonialen Ordnung.

Natürlich sind es nicht nur Menschen meines Alters, die nun Position beziehen oder auch alte Positionen reformulieren. Doch meine Generation bringt sich gerade in diese Debatten selbstbewusst ein. Sie prägt mit, was und wie über militärische Beteiligung in Deutschland heute neu gedacht wird. Die historische Verantwortung Deutschlands liegt in den Angriffskriegen des 20. Jahrhunderts und den nationalsozialistischen Verbrechen begründet. So richtig es ist, eingedenk dessen eine besondere militärische Vorsicht walten zu lassen, so falsch wäre es, deutsche Passivität als stets richtige und überdies einzige Lehre aus der Vergangenheit gelten zu lassen. Wer so argumentiert, erstarrt nicht nur in einer Identifikation mit dem Aggressor, sondern übersieht vor allem auch die Nöte der Angriffsopfer.

Das Gebot deutscher militärischer Zurückhaltung ist nicht im philosophischen Hörsaal entkräftet worden, sondern durch die reale Verantwortlichkeit als Nachbar eines europäischen Kriegs, der jeden Tag Menschenleben kostet.

Als ich Oberstleutnant Björn Ebersoll einige Monate nach Kriegsbeginn wiedertraf, redeten wir darüber, was er mir im Frühjahr 2021 gesagt hatte: »Denken Sie an Hobbes' Naturzustand. Jemand muss dafür sorgen, dass Freiheit und Sicherheit erhalten bleiben, das ist nicht von allein gegeben.« Wir hatten zu lange vor allem auf Kant gehört, auf den ewigen Frieden, der ja selbst bei dem Königsberger Denker erst einmal nur ein Kneipenschild neben einem Friedhof war. Natürlich, erstrebenswert ist die Idee, durch eine gesellschaftliche Ordnung eine weltgemeinschaftliche Kooperation und dadurch einen Zustand des ewigen Friedens herbeizuführen, einen anhaltenden Waffenstillstand wie Schellack über die von gewalttätigen Auseinandersetzungen zerrissene Wirklichkeit zu legen. Für Frieden aber braucht es alle; für Krieg genügt einer, der gegen die Regeln verstößt.

Oberstleutnant i. G. Stefan Quandt wechselte im Sommer in das neugeschaffene *Territoriale Führungskommando der Bundeswehr* und erzählte mir von dem Mentalitätswechsel, den die Bundeswehr seit Februar 2022 durchmache. Soldaten, die im Zuge der Corona-Amtshilfe mit älteren Damen in Pflegeheimen Karten spielten, finden sich nun im Kern ihres Berufsstands wieder: Nicht mehr helfen, sondern abschrecken und verteidigen, in letzter Konsequenz kann das töten bedeuten. Viele der heutigen Soldaten sind nach 1990 in die Bundeswehr eingetreten. Sie kennen Einsätze, wenn überhaupt, dann im Rahmen internationalen Krisenmanagements wie beim Afghanistan-Einsatz, aber nicht als Landes- und Bündnisverteidigung, als Armee, die mit Bedrohungsszenarien arbeiten muss. Jetzt müsse man wieder bedenken, was lange keine Frage mehr gewesen sei: Was machen wir im Kriegsfall?

Wären wir vorbereiteter gewesen, wenn wir uns weniger an die Friedenserzählung geklammert hätten? Meine Generation kann man auch stellvertretend für eine Gesellschaft lesen, die geübt darin war, über die eigenen Wünsche und Versicherungen die düsteren Seiten der Welt auszublenden. Die zu leicht glaubte, Gefahren verschwänden von allein und ideologische Kämpfe seien ebenso gebändigt wie Angriffskriege und kaltkriegerische Drohkulissen. Es ist eine Generation, eine Gesellschaft, die das Glück hatte, überwiegend im Frieden leben und sich seiner sicher sein zu dürfen, so sehr, dass man vergaß, wie leicht es ist, ihn zu brechen. Der Frieden selbst ist keine Illusion, er ist real mit jedem Tag, den er gelebt wird. Eine Illusion aber war es zu glauben, er setze sich von allein durch, und sollte jemand seine eigenen Interessen darüber stellen, sei er leicht einzuhegen

Wir, die Geschmeidigen, haben Frieden und Demokratie manchmal zu selbstverständlich genommen. Das aber ist kein Grund, nicht genau jetzt dafür einzustehen – im Gegenteil. Geschmeidig kann auch bedeuten, dass man etwas neu formt, ohne es zu zerbrechen, oder dass man in seine Form zurückfindet, nachdem man hohem Druck ausgesetzt war. Unsere Welt wird nicht von einem Tag auf den nächsten eine andere, aber sie ist wandelbar. Mehr denn je sollten wir uns heute Frieden und der Demokratie versprechen, nicht als Geschenk, sondern als etwas, für das wir uns einsetzen. Wir beginnen damit, wenn wir einen Blick auf die Welt wagen, der ihre Abgründen ebenso trifft wie ihre Hoffnungen, die hinter allen zerbrochenen Illusionen bestehen bleiben.

Personen

Dorothee Bär, *1978 in Bamberg. Von 2018 bis 2021 Staats-
ministerin bei der Bundeskanzlerin und Beauftragte der
Bundesregierung für Digitalisierung. Mitglied des Bundestags (CSU).

Hannes Bajohr, *1984 in Berlin (Ost). Literaturwissen-
schaftler, Autor, Übersetzer. Veröffentlichungen u. a.: *Ad
Judith Shklar. Leben, Werk, Aktualität* (zus. mit Rieke
Trimçev), Hamburg 2022.

Christian Baron, *1985 in Kaiserslautern. Journalist und
Schriftsteller. Veröffentlichungen u. a.: *Ein Mann seiner
Klasse*, Berlin 2020.

Franziska Brantner, *1979 in Lörrach. Mitglied des Bundestags (Bündnis 90/Die Grünen). Seit 2021 Staatssekretärin
im Bundesinnenministerium für Wirtschaft und Klimaschutz.

Sawsan Chebli, *1978 in Berlin. Von 2016 bis 2021 Staatssekretärin für Bürgerschaftliches Engagement und
Internationales in der Berliner Senatskanzlei (SPD).

Björn Ebersoll, *1981 in Erfurt. Oberstleutnant i. G. Seit 2000 Soldat in der Bundeswehr und aktuell als Referent im Bundesministerium für Verteidigung im Themenfeld Internationale Rüstungskooperationen tätig.

Bruno Fichefeux, *1981 in Toulon, Frankreich. Leiter des FCAS-Projekts bei Airbus.

Hana Gründler, *1976 in Baden, Schweiz. Leitet eine Forschungsgruppe zu den Etho-Ästhetiken des Visuellen am Kunsthistorischen Institut in Florenz – Max-Planck-Institut.

Daniel Kehlmann, *1975 in München. Schriftsteller. Veröffentlichungen u. a.: *Tyll*, Reinbek 2017.

Katja Kipping, *1978 in Dresden. Von 2012 bis 2021 Vorsitzende der Partei Die Linke. Von 2012 bis 2021 Mitglied des Bundestags. Seit 2021 Berliner Senatorin für Integration, Arbeit und Soziales

Lars Klingbeil, *1978 in Soltau. Von 2017 bis 2021 SPD-Generalsekretär. Mitglied des Bundestags. Seit 2021 Co-Vorsitzender der SPD.

Daniela Kolbe, *1980 in Schleiz. Von 2009 bis 2021 Mitglied des Bundestags (SPD). Heute stellvertretende Vorsitzende der Friedrich-Ebert-Stiftung.

Christian Lindner, *1979 in Wuppertal. Seit 2013 Bundesvorsitzender der FDP. Mitglied des Bundestags. Seit 2021 Bundesfinanzminister.

Florian Meinel, *1981 in Marburg. Professor für Vergleichendes Staatsrecht an der Universität Göttingen. Veröffentlichungen u. a.: Vertrauensfrage. *Zur Krise des heutigen Parlamentarismus*, München 2019.

Marie von Manteuffel, *1984 in München. Juristin. Politische Referentin für Migration und Flucht bei Ärzte ohne Grenzen.

Kathleen Mar, *1980 in Seattle, USA. Promovierte Atmosphärenchemikerin und wissenschaftliche Leiterin der Gruppe ClimAct im Institut für transformative Nachhaltigkeitsforschung Potsdam.

Omid Nouripour, *1975 in Teheran, Iran. Mitglied des Bundestags (Bündnis 90/Die Grünen). Seit 2022 Co-Vorsitzender der Grünen.

Stefan Quandt, *1984 in Torgau. Oberstleutnant i. G. Zentrale Zielsteuerung beim Befehlshaber des Territorialen Führungskommandos der Bundeswehr.

Rosa Riera, *1975 in Trasmiras, Spanien. Von April 2001 bis September 2020 bei Siemens in verschiedenen Positionen tätig. Seit Oktober 2020 arbeitet sie als Investorin, Kolumnistin und engagiert sich in Ehrenämtern.

Linda Teuteberg, *1981 in Königs Wusterhausen. Von April 2019 bis September 2020 Generalsekretärin der FDP. Seit 2017 Mitglied des Bundestags.

Nicola Winter, *1985 in München. Bis 2018 Luftwaffen-pilotin bei der Bundeswehr. Heute beim Deutschen Zentrum für Luft- und Raumfahrt e. V. (DLR) tätig.

Benjamin Zeeb, *1983 in München. Geschäftsführer des Thinktanks *Project for Democratic Union.* Veröffent-lichungen u. a.: *Europa am Abgrund. Plädoyer für die Vereinigten Staaten von Europa* (zus. mit Brendan Simms), München 2016.

Paul Ziemiak, *1985 in Stettin, Polen. 2018 bis 2022 CDU-Generalsekretär. Mitglied des Bundestags.

Und ein Mitarbeiter des Bundesnachrichtendienstes, der anonym bleiben möchte.

Die Anfrage an Alice Weidel, *1979, AfD, blieb leider unbeantwortet. Frauke Petry, *1975, fraktionslos, ließ über ihr Büro höflich absagen.

Danken möchte ich Florian Keisinger, Kristof Magnusson, Florian Bigge und Martina Wunderer fürs Lesen, Zuhö-ren, Diskutieren, für Rechercheunterstützung Marie-Eli-sabeth Esterhazy.

Anmerkungen

Teil I

1 Deutscher Bundestag: *Stenographischer Bericht,* 118. Sitzung, S. 7195, dserver.bundestag.de/ btp/09/09118.pdf

2 Vgl. Andreas Reckwitz: *Das Ende der Illusionen, Politik, Ökonomie und Kultur in der Spätmoderne,* Berlin 2019, S. 239 ff.

3 Jürgen Habermas: *Die Neue Unübersichtlichkeit,* Frankfurt am Main 1985, S. 144 f.

4 Alain de Benoist: *Kulturrevolution von rechts. Gramsci und die Novelle Droite,* Dresden 2017, S. 74

5 Ivan Krastev: *Europadämmerung. Ein Essay,* Berlin 2017, S. 19 f.

6 Francis Fukuyama: *Das Ende der Geschichte. Wo stehen wir?,* München 1992, S. 40

7 *Die Zeit,* 25/2021, S. 62

8   Carl Schmitt: *Politische Theologie. Vier Kapitel zur Lehre von der Souveränität*, 10. Auflage Berlin 2015, S. 13

9   Fukuyama, a. a. O., S. 435

10 Nico Fried: Fischer: »Ich habe gelernt: Nie wieder Auschwitz«, in: *Süddeutsche Zeitung*, 24. Januar 2005, www.sueddeutsche.de/politik/fischer-ich-habe-ge-lernt-nie-wieder-auschwitz-1.915701

11 Jacques Derrida/Jürgen Habermas: *Philosophie in Zeiten des Terrors. Zwei Gespräche, geführt, eingeleitet und kommentiert von Giovanna Borradori*, Berlin/ Wien 2004, S. 126 ff.

12 Vgl. www.faz.net/aktuell/politik/stoibers-wahlpro-gramm-nicht-alles-anders-aber-vieles-besser-158317. html.

13 *Frankfurter Allgemeine Zeitung*, 14. Dezember 2004

14 Colin Crouch: *Postdemokratie*, Frankfurt am Main 2008, S. 7

15 Alain Badiou: »Das demokratische Wahrzeichen«, in: *Demokratie? Eine Debatte*, Berlin 2012, S. 14 ff.

16 Colin Crouch: »Letztlich bietet die Neue Rechte dem Neoliberalismus einen Deal an.« Interview mit Dominik Erhard für das *Philosophiemagazin*, www. philomag.de/artikel/colin-crouch-letztlich-bietet-die-

neue-rechte-dem-neoliberalismus-einen-deal?fbclid=
IwAR3kJ4OWJHt6VoearQbRMeDdUtXL3VfNmTa-
9TAZzNd-2aZVM_AsfJyzX4RM

17 Vgl. Reckwitz, a. a. O.

18 Vgl. www.zukunftsinstitut.de/fileadmin/user_upload/
Publikationen/Auftragsstudien/studie_generation_y_
signium.pdf, S. 14.

19 Adam Zagajewski: »Unser Europa«, in: *Sinn und Form*
1/2011, S. 5

20 Antonio Gramsci: *Gefängnishefte,* Band 2, § (34), hrsg.
v. K. Bochmann, W. F. Haug u. a., Berlin/Hamburg
1991, S. 354

21 Vgl. *Climate Change Performance Index 2021.* Ergebnisse der UN-Klimakonferenz in Glasgow sind hier
noch nicht berücksichtigt. (de.statista.com/statistik/
daten/studie/73692/umfrage/klimaschutz---laender-
mit-den-hoechsten-leistungen/)

22 »Beifall fürs Gaulands ›Wir wollen das gar nicht schaffen‹«, in: *Die Welt,* 8. Oktober 2015, www.welt.de/
politik/deutschland/article147357713/Beifall-fuer-Gau-
lands-Wir-wollen-das-gar-nicht-schaffen.html

23 Vgl. Alice Weidel: *Widerworte. Gedanken über
Deutschland,* Kulmbach 2019, S. 140.

24 *Fünf Jahre Merkels »Wir schaffen das« – eine katastro-
    phale Bilanz! AfD Kompakt (2020),* afdkompakt.
    de/2020/08/28/fuenf-jahre-merkels-wir-schaffen-das-
    eine-katastrophale-bilanz/

25 Alice Weidel, a. a. O., S. 18

26 Ebd., S. 10

27 Ebd., S. 18

28 Ebd., S. 12

29 Ebd., S. 147

30 Daniel Kehlmann: »Mein Leben mit dem Monster«,
    in: *Die Zeit,* 4/2017

31 www.zeit.de/politik/deutschland/2014-02/schriftstel-
    ler-aufruf-guenter-grass-afghanistan-helfer-asyl?

32 Vgl. Nina Rehfeld: »Trump und der Reichstagsmo-
    ment«, in: *Frankfurter Allgemeine Zeitung,* 17. 7. 2021.

33 Ernst Bloch: *Vom Hasard zur Katastrophe. Politische
    Aufsätze 1934–1939,* Frankfurt am Main 1972, S. 195

Teil II

1 Vgl. www.bundesgesundheitsministerium.de/presse/
interviews/interviews/focus-110920.html.

2 annalena-baerbock.de/2020/12/09/rede-generalde-
batte-zum-bundeshaushalt/

3 Annalena Baerbock: *Jetzt. Wie wir unser Land erneuern,* Berlin 2021, S. 17

4 Ebd., S. 16

5 Christian Lindner: *Schattenjahre. Die Rückkehr des
politischen Liberalismus,* Stuttgart 2017, S. 11

6 Immanuel Kant: »Träume eines Geistersehers, erläutert durch Träume der Metaphysik«, in: AA II: *Vorkri-
tische Schriften II,* Berlin 1766. S. 317

7 Ebd., S. 342

8 www.faz.net/aktuell/wirtschaft/digitec/facebook-kriti-
ker-mcnamee-im-gespraech-17272936.html?premium

9 www.bundespraesident.de/SharedDocs/Reden/DE/
Richard-von-Weizsaecker/Reden/1990/12/19901224_
Rede.html

10 Andreas Malm: *Klima|x,* Berlin 2020, S. 9

11 Vgl. ebd., S. 18.

12 Ebd., S. 45 f.

13 Vgl. www.tagesspiegel.de/berlin/brief-an-die-klima-aktivisten-bringt-nicht-die-demokratie-in-gefahr-um-das-klima-zu-retten/25105452.html.

14 Gramsci, a. a. O., S. 354

15 www.whitehouse.gov/briefing-room/speeches-remarks/2021/02/19/remarks-by-president-biden-at-the-2021-virtual-munich-security-conference/

16 web.archive.org/web/20150112170258/http://www.voanews.com/content/a-13-a-2001-09-21-14-bush-66411197/549664.html

17 Meinel, a. a. O., S. 8

18 Derrida/Habermas, a. a. O., S. 30

19 www.n-tv.de/politik/2015-darf-sich-nicht-wiederholen-article22745280.html

20 Vgl. hierzu Mark Schieritz, »*Die Wahrheit über die Gelbwesten und den Umweltschutz*«, in: *ZEITonline*, 28. Juli 2021. www.zeit.de/politik/ausland/2021-07/frankreich-gelbwestenbewegung-klimapolitik-wirtschaftsreform-proteste-demonstration

21 www.destatis.de/DE/Themen/Gesellschaft-Umwelt/
   Bildung-Forschung-Kultur/Schulen/Publikationen/
   Downloads-Schulen/privatschulen-deutschland-
   dossier-2020.pdf?__blob=publicationFile

22 Johanna Bussemer/Katja Kipping: *Green New Deal als
   Zukunftspakt. Die Karten neu mischen,* Berlin 2021,
   S. 75 u. S. 86

23 Walter Eucken: *Grundzüge der Wirtschaftspolitik,*
   Reinbek 1965, S. 172

24 Bussemer/Kipping, a. a. O., S. 86

25 Tatsächlich weiß ich es nicht mehr. Wer sich erkennt,
   möge sich melden. Ich tippe auf Omid Nouripour.

26 Ágnes Heller: *Orbanismus. Der Fall Ungarn,* Berlin
   2020, S. 15

27 *Tagesschau* vom 18. August 2021, www.tagesschau.de/
   multimedia/video/video-905743.html

28 Heller, a. a. O., S. 7

Teil III

1 Giuseppe Tomasi di Lampedusa: *Der Leopard,* München 1997, S. 33

2 taz.de/Vorwuerfe-gegen-Annalena-Baerbock/
!5784037/

3 www.spiegel.de/kultur/johannes-boie-wie-tickt-der-neue-bild-chefredakteur-a-1660a279-942c-4c1d-8051-7429c494d276

4 Ergebnis der Sondierungen zwischen SPD, Bündnis 90/Die Grünen und FDP. Statement vom 15. Oktober 2021, cms.gruene.de/uploads/documents/Ergebnis-der-Sondierungen.pdf

5 dserver.bundestag.de/btp/09/09118.pdf (S. 7196 f.)

6 Max Weber: *Politik als Beruf,* Stuttgart 2010 (1919), S. 82

7 Ebd. S. 82 f.

1 Der ICC ahndet vier Straftatbestände: Völkermord, Verbrechen gegen die Menschlichkeit, Kriegsverbrechen und Verbrechen der Aggression. Letzterer wurde später und mit anderer Zuständigkeit eingefügt. Vgl. hierzu: www.justsecurity.org/84783/the-ukraine-war-and-the-crime-of-aggression-how-to-fill-the-gaps-in-the-international-legal-system/

2 Hier zeigt sich auch ein Wandel der Machtverhältnisse und des Selbstverständnisses von 1945 bis 1998 (dem Jahr der Annahme des römische Statuts): Großbritannien und Frankreich, beide Siegermächte des Zweiten Weltkriegs und in der Folge UN-Vetomächte, haben sich, anders als die drei anderen Vetomächte, dem ICC angeschlossen und das Römische Statut unterzeichnet. Die Änderung in Bezug auf den Straftatbestand des Angriffskriegs (Verbrechen der Aggression) in Artikel 8bis haben allerdings beide bislang nicht ratifiziert.

3 Man denke an Kofi Annan und sein Reformprogramm zum Umbau der UN; letztlich blieben davon nur Reförmchen übrig, die den Kern des Problems unangetastet ließen.

»Der Osten hat keine Zukunft, solange er nur als Herkunft begriffen wird.«

Was bedeutet es, eine Ost-Identität auferlegt zu bekommen? Eine Identität, die für die wachsende gesellschaftliche Spaltung verantwortlich gemacht wird? Der Attribute wie Populismus, mangelndes Demokratieverständnis, Rassismus, Verschwörungsmythen und Armut zugeschrieben werden? Dirk Oschmann zeigt in seinem augenöffnenden Buch, dass der Westen sich über dreißig Jahre nach dem Mauerfall noch immer als Norm definiert und den Osten als Abweichung. Unsere Medien, Politik, Wirtschaft und Wissenschaft werden von westdeutschen Perspektiven dominiert. Pointiert durchleuchtet Oschmann, wie dieses Othering unserer Gesellschaft schadet, und initiiert damit eine überfällige Debatte.

»Wer über den Beitritt und die Folgen sprechen will, wird um dieses Buch nicht herumkommen.« Ingo Schulze

»Dieses Buch ist ein dringend nötiger Befreiungsschlag.«

MAJA GÖPEL

Eine starke Geschichte kann Leben retten, Wahlen entscheiden, Gesellschaften verändern. Aber sie kann auch Kriege auslösen und Menschen verfeinden. Samira El Ouassil und Friedemann Karig verfolgen diese ambivalente Wirkungsmacht anhand wichtiger Narrative von der Antike bis zur Gegenwart und zeigen, welche Erzählungen uns heute gefährden und warum wir neue benötigen, um unsere Welt zu erhalten.

Samira El Ouassil und Friedemann Karig
Erzählende Affen
Mythen, Lügen, Utopien – wie Geschichten
unser Leben bestimmen

Taschenbuch
Auch als E-Book erhältlich
www.ullstein.de

ullstein

»Mochte mein Vater auch manchmal unser letztes Geld in irgendeiner Spelunke versoffen, mochte er auch mehrmals meine Mutter blutig geprügelt haben: Ich wollte immer, dass er bleibt. Aber anders.«

Kaiserslautern in den neunziger Jahren: Christian Baron erzählt die Geschichte seiner Kindheit, seines prügelnden Vaters und seiner depressiven Mutter. Er beschreibt, was es bedeutet, in diesem reichen Land in Armut aufzuwachsen. Wie es sich anfühlt, als kleiner Junge männliche Gewalt zu erfahren. Was es heißt, als Jugendlicher zum Klassenflüchtling zu werden. Was von all den Erinnerungen bleibt. Und wie es ihm gelang, seinen eigenen Weg zu finden. Mit großer erzählerischer Kraft und Intensität zeigt Christian Baron Menschen in sozialer Schieflage und Perspektivlosigkeit.

Christian Baron
Ein Mann seiner Klasse

Taschenbuch
Auch als E-Book erhältlich
www.ullstein.de

ullstein